HOLA, DIOS
(SOY YO OTRA VEZ)

HOLA, DIOS
(SOY YO OTRA VEZ)

QUÉ ORAR CUANDO NO
SABEMOS QUÉ DECIR

UN DEVOCIONAL DE SESENTA DÍAS

Copyright © 2017 por Nicole Crank.

Todos los derechos reservados. Ninguna parte de esta publicación puede ser reproducida, distribuida o transmitida de ninguna manera o por ningún medio, incluyendo fotocopiado, grabado, u otro método electrónico o mecánico, sin el permiso previo por escrito de la casa editorial, a excepción de citas breves dentro de reseñas críticas y ciertos usos no comerciales permitidos por la ley de copyright. Para solicitar permisos, escriba a la editora en la dirección siguiente.

Fedd Books
P.O. Box 341973
Austin, TX 78734
www.thefeddagency.com

Publicado en asociación con The Fedd Agency, Inc., una agencia literaria.

Version en español por BookCoachLatino.com

Las citas de la Escritura marcadas (nvi) son tomadas de la *Santa Biblia, Nueva Versión Internacional®*, nvi®, © 1999 por la Sociedad Bíblica Internacional. Usadas con permiso. Reservados todos los derechos.

Las citas de la Escritura marcadas (rvr) son tomadas de la *Santa Biblia, Versión Reina-Valera 1960*, rvr, © 1960 por las Sociedades Bíblicas en América Latina; © renovado 1988 por las Sociedades Bíblicas Unidas. Usadas con permiso.

Las citas de la Escritura marcadas (ntv) son tomadas de la *Santa Biblia, Nueva Traducción Viviente*, ntv, © 2008, 2009 Tyndale House Foundation. Usadas con permiso de Tyndale House Publishers, Inc., Wheaton, Illinois 60189. Todos los derechos reservados.

Las citas bíblicas marcadas (lbla) son tomadas de *La Biblia de las Américas®*, lbla®, © 1986, 1995, 1997 por The Lockman Foundation. Usadas con permiso. Derechos reservados. (www.LBLA.org).

Las citas de la Escritura marcadas (pdt) son tomadas de *La Biblia: La Palabra de de Dios para Todos* (PDT), © 2005, 2008, 2012 World Bible Translation Center. Usadas con permiso de World Bible Translation Center, Fort Worth, TX. 76182. Todos los derechos reservados.

ISBN: 978-1-943217-73-1
eISBN: 978-1-943217-74-8

Impreso en los Estados Unidos de America

Para mi esposo, David.

ÍNDICE

Introducción 1
Te extraño, Dios 7
¿Cómo encuentro paz? 11
Pediré 15
Mi mayor ventaja 19
La mejor versión de mí 23
Esto es GRANDE 27
Vivir fuerte 31
Pequeñas zorras 35
Soy bendecida 39
Mi buena declaración 43
Te escojo a ti 47
Quiero quejarme ahora mismo 51
¿Quién soy yo? 55
No sé qué decir 59
No me dare por vencida 63
No hay duda 67
Risa, no preocupación 71

Clamo a ti 75
Enemigo, ¿quién? 79
¡Me atreveré! 83
¡Apresúrate! 87
Ser yo misma 91
No temas 95
Más que suficiente 99
Duele perdonar 103
Necesito compañía 107
Un nombre nuevo 111
Quiero ser feliz 115
¿Qué hay de bueno en mí? 119
¡Sáname! 123
Cuando la gente me hiere 127
Lo que hago importa 131
No me siento amada 135
No retendré nada 139
Estoy muy alterada 143
Cuando tengo que decir no 147
¿Qué estoy mirando? 151
Una perla de gran precio 155
¿A quién tengo que amar? 159
¿Qué debería hacer? 163

Me siento malhumorada 167

Mercancía dañada 171

¿Obstáculos u oportunidades? 175

¿A quién le da vergüenza? 179

No puedo agradar a todo el mundo,
pero puedo agradarte a ti 183

Protección divina 187

Reposo, no estrés 191

Fuerte en ti 195

Gratitud contagiosa 199

En la pelea 203

Recupero este día 207

Tengo problemas 211

Cuando la vida me lanza limones 215

Estoy ansiosa 219

No sé qué hacer 223

En Cristo 227

Necesito sabiduría 231

Estoy dispuesta, pero no soy digna 235

Cuando vienen los gigantes 239

Aun no esta terminado 243

INTRODUCCIÓN

Dígame si esto le resulta familiar. A pesar de cuán temprano ponga la alarma del despertador, parece que podría aprovechar más tiempo para lograr hacerlo todo.

Hacer el café, despertar a los niños, encargarse del perro, lavar los platos, hacer la colada, ah sí... se supone que debo ponerme ropa, ¡buf! ¿Qué ponerme... lo notará la gente si me pongo lo mismo que hace un par de días atrás? Texto, teléfono... *Necesito esa lista...* ¿dónde está mi teléfono? Comida. No hay tiempo para comida... ¡¿qué?! Ya tenía que haberme ido. ¡VAMOS! ¡¿Dónde están mis llaves?!

La mayoría de nosotros no tomamos el tiempo para hacer un desayuno preparado en casa. Realmente, una barra de cereales y café se consideran un lujo; y eso es precisamente lo que hacemos, o no echaremos nada al estómago. A veces pasamos hambre, no por descuido sino por distracción. Tenemos tantas cosas que compiten por nuestra atención que nada en realidad *capta* nuestra atención.

Eso también le sucede a nuestra hambre espiritual. (¡No deje de prestarme atención porque cree que estoy a punto de hacer que se sienta culpable! Esta es una zona libre de culpabilidad :).) Vamos de un lado a otro corriendo tan frenéticamente para intentar hacer cosas que en realidad no nos detenemos y *hacemos* algo espiritual. Somos "espirituales" pero no pasamos tiempo con el Espíritu.

Por eso escribí este libro. Para ayudarle a usted (¡piedad, para ayudarme *a mí*!) en esos momentos cuando nuestro espíritu necesita fortaleza y aliento. Cuando necesitamos ayuda en nuestras relaciones, en nuestro empleo o en nuestras finanzas. Cuando suena el teléfono y un amigo quiere que le ayudemos a resolver sus problemas. Cuando leemos un post en Facebook, Instagram o Snapchat que está suplicando un consejo, pero estamos demasiado consumidos con nuestras propias vidas para poder ayudar. Sabemos que deberíamos acudir a Dios, pero ¿cómo podemos encontrar el tiempo? Y cuando estamos con Él, ¿qué podemos *decir*?

Tengo un CD de "Confesiones" que no sabía que sería tan popular como fue. No es una revelación de todo mi pasado. (¡gracias a Dios!); se trata de versículos y afirmaciones que los creyentes pueden declarar acerca de sus vidas. Usted lo pone, y yo le leo una porción de las Escrituras o una afirmación positiva que puede decir acerca de su vida. Después le doy un momento para que repita el versículo o la afirmación. ¡El CD fue un éxito!

Creo que este CD fue popular por tres razones:

- La gente no tenía que preocuparse por no saber qué orar. Básicamente, yo se lo decía.
- Las afirmaciones eran breves, sencillas, poderosas y directo al grano. Eran accesibles para sus vidas tan ocupadas.
- ¡La Palabra de Dios es poderosa y verdadera! A veces nos preocupamos mucho por qué decir cuando Dios ya nos ha dado algunas palabras bastante asombrosas en su Palabra.

Debido a que me encanta este CD, y me encantan las cosas que son gratuitas, quiero regalarle el CD. Si entra en nicolecrank.com/confessions, puede descargar el mp3 *gratis*. Creo que le impulsará en su viaje por este devocional y le ayudará a sentirse más cómodo al hablar con Dios y afirmar con valentía y confianza sus promesas sobre su vida.

Este libro esta escrito para animarlo a usted en este momento. Es para esas crisis o situaciones apremiantes, esos momentos en que dan ganas de decir: "Que alguien por favor me diga que estoy bien y que voy a salir adelante".

Los devocionales son la Palabra de Dios para usted. Son sencillos, claros, y le dan palabras cuando puede que no tenga ninguna o que no tenga el tiempo para *pensar* en alguna. Y al igual que el CD de

"Afirmaciones", estos devocionales abordan temas y pensamientos que probablemente estarán en su mente a diario. Preocupación... duda... dinero... estrés... salud... ¿Le resulta familiar?

Son pedazos pequeños, escritos como oraciones, que usted tendrá tiempo de hacer cada día. No hay ninguna presión para leer un capítulo entero porque cada devocional es bastante corto. (Si es usted padre o madre, o está en una oficina ajetreada, el cuarto de baño es un buen lugar para tener este libro. ¡A veces yo entro y cierro la puerta durante un par de minutos solo para respirar incluso cuando no tengo que usar el baño!) Los devocionales le darán una oportunidad de hacer tres cosas:

1. Expresar a Dios las luchas.
2. Recordar quién es Dios y declarar sus promesas para usted.
3. Pedir ayuda a Dios de maneras concretas y afirmar su poder en medio de los problemas.

Estos devocionales se asegurarán de que usted se alimente espiritualmente de manera regular y, con el tiempo, le darán una fe más grande y más fuerte en medio de su ajetreada vida.

Una de las mejores cualidades de este libro es que está lleno de las Sagradas Escrituras. He incluido algunos versículos de la Biblia al final de cada devocional (¡le dije que se lo haría fácil!), y la Palabra de Dios está parafraseada con mis propias palabras en casi todos los mensajes. Lo que me gustaría es que usted leyera en voz alta esas oraciones y versículos varias veces para ver cual le llama la atención a usted. ¿Podría Dios quizá estar intentando decirle algo?

¡El poder de la Palabra de Dios es asombroso! Haga la prueba! Permita que estas palabras y versículos calen en su corazón y su mente, y sentirá que la vida fluye en su ser.

TE EXTRAÑO, DIOS

Hola, Dios. ¿Por qué tengo que luchar tanto para sacar unos minutos para estar a solas contigo?

Es como si el universo supiera que por fin voy a sentarme para pasar tiempo contigo, y comenzara a pelear conmigo. Suena el teléfono, alguien llama a la puerta, pita la secadora, los niños gritan... y otra cosa, y otra, y otra.

Entonces me siento culpable, como si quizá estuviera siendo egoísta por haber sacado este tiempo a solas contigo. Siento que debería estar haciendo más cosas para ayudar a mi familia, amigos, trabajo, o a otras personas a las que amo.

¿Por qué intentar pasar tiempo contigo puede convertirse en una lucha?

Un momento...

El enemigo ve que cobro fuerza cuando estoy contigo; ve que la paz me inunda cuando paso tiempo hablando contigo y leyendo tu Palabra. Él sabe que mi mente y mi espíritu se agudizan tras haber estado con el Rey de reyes. ¡Por eso es tan difícil! El enemigo sabe que si estoy contigo, seré renovada y reabastecida; sabe que él perderá, ¡y yo ganaré!

No debo dejarme engañar y pensar que solo hay incentivo en mi empleo o en estar con la gente. ¡Hay una recompensa increíble simplemente en pasar tiempo contigo!

- Tú me das misericordiosamente el conocimiento que yo no tengo, las respuestas que necesito, y la sabiduría que está mas allá de lo que yo podría obtener por mí misma.
- Obtengo dirección sobre el camino a seguir y qué decisiones tomar, el favor que no merezco, y el perdón que no puedo ganarme.
- ¡Tú derramas reposo en mi alma y bendición más allá de todos mis sueños e imaginación!

Dios, anhelo tanto que estés en mi vida. Luchare para sacar tiempo de lectura, de oración, de buscar y pedir. Gracias porque siempre te encuentras conmigo en el punto donde estoy.

Palabra de Dios

"El que habita al abrigo del Altísimo
morará a la sombra del Omnipotente"
[cuyo poder ningún enemigo puede soportar]
Salmos 91:1 LBLA

"Pero tú, cuando te pongas a orar, entra en tu cuarto,
cierra la puerta y ora a tu Padre, que está en lo
secreto. Así tu Padre, que ve lo que se hace en secreto,
te recompensará".
Mateo 6:6 NVI

Sino que en la ley de Jehová está su delicia,
Y en su ley medita de día y de noche.
Será como árbol plantado junto a corrientes de aguas,
Que da su fruto en su tiempo,
Y su hoja no cae;
Y todo lo que hace, prosperará.
Salmos 1:2-3 RVR-1960

¿CÓMO ENCUENTRO PAZ?

Hola, Dios. A veces cuando siento una presión en el pecho y me encuentro suspirando, sé que mi paz se ha alejado. Es extraño cómo lo notan otras personas antes que yo, y me preguntan: "¿Qué pasa?".

¿Por qué sucede eso?

Supongo que sé que no estoy en paz porque estoy preocupada, ansiosa o inquieta. Es difícil estar en paz y tener un dolor de cabeza al mismo tiempo. (¡Eso debería ser un importante indicador para mí!).

¿Cómo encuentro paz en un mundo loco y ruidoso? Las noticias literalmente gritan sobre lo mal que está el mundo, la gente en el tráfico esta furiosa sin razón alguna, y en el supermercado es más probable que las personas se quejen en lugar de sonreír. Sí, realmente te necesitamos.

Cuando hay guerra en mi corazón, cuando mis emociones están a flor de piel, y cuando estoy nerviosa y no puedo sentarme tranquila, es imposible pensar con claridad y tomar las mejores decisiones. No puedo obtener paz de este mundo; tengo que obtenerla de ti.

La paz me indica el camino correcto; es lo que se supone que debo seguir. Debería ser guiada con paz; es así como sé si voy por la dirección correcta o estoy tomando una decisión que lamentaré después.

La paz es muy importante; si no tengo paz, no iré. Si tengo paz, iré. La gente me pregunta: "¿Por qué decidiste hacer eso?", y yo diré que es porque tenía paz al respecto. La paz de Dios.

Obtengo paz al fijar mi mente en ti. Cuando pienso en todo lo que tengo que hacer hoy y comienzo a sentirme abrumada, me acerco a ti, Dios. ¡Ayúdame a hacer esto! ¡Dame paz! Cuando clamo a ti, parece que puedo respirarte, y entonces tengo calma interior. Tan solo el sonido de esas palabras aquieta mi alma.

En este momento, a propósito y con intención hago que mi vida sea diferente a la de todas las personas que llevan un ritmo de vida acelerado y lleno de estrés. Escojo funcionar en tu fuerza y tu paz.

Dios, clamo a ti. Me apoyo en ti. Que tu paz descanse en mí.

Palabra de Dios

"¡Tú guardarás en perfecta paz
a todos los que confían en ti;
a todos los que concentran en ti sus pensamientos!".
Isaías 26:3 NTV

"La paz les dejo; mi paz les doy. Yo no se la doy a
ustedes como la da el mundo.
No se angustien ni se acobarden".
Juan 14:27 NVI

"Y que la paz de Cristo [la calma interior de quien
camina diariamente con Él] reine en vuestros
corazones [decidiendo y solucionando cuestiones que
surjan]. A la cual en verdad fuisteis llamados en un
solo cuerpo [de creyentes] y sed agradecidos [a Dios
siempre]."
Colosenses 3:15 LBLA

"Y la paz de Dios [esa paz que asegura el corazón, esa
paz] que sobrepasa todo entendimiento,
[esa paz que] guardará vuestros corazones y vuestras
mentes en Cristo Jesús [esta en vosotros]."
Filipenses 4:7 LBLA

PEDIRÉ

Hola, Dios. ¿Por qué vacilo en acudir directamente a ti siempre que necesite algo? Cualquiera diría que a estas alturas ya habría aprendido mi lección.

En cambio, sigo intentando solucionar las cosas yo misma. Me quedo despierta hasta muy tarde, ¡y se me va el sueño pensando en cosas! No es eso lo que tú quieres para mí. Tú quieres que descanse y me relaje en ti. ¡Estoy lista para dormir!

Tú dices que no tengo lo que necesito porque no te lo *pido*. Pedirte debería ser lo primero que haga, y no mi último recurso. ¡Eso parece muy sencillo!

A veces, sin embargo, me siento mal por pedir, como si estuviera siendo egoísta o estuviera suplicando. Otras veces creo que soy demasiado perezosa, o simplemente me olvido. ¡Ya no más! Si no te pido favor, bendición y aumento, entonces no estoy ejercitando mi fe.

Aunque algunas cosas parecen imposibles, y no veo cómo podrían suceder, *no es mi tarea* hacer que sucedan. Lo único que me pides es que crea en ti. Yo soy el creyente, y tú eres quien hace. Los milagros son tu especialidad, y estás esperando a que yo pida para que tú puedas moverte.

La Biblia me dice que pida *cualquier* cosa y todo. Me dice que te pida a ti, Padre, *en el nombre de Jesús*, y tú lo harás por mí. No solo porque tú amas mucho a Jesús, sino también porque me amas *a mí* igual. ¡Eso es asombroso!

Sé que en cuanto te pida, tú eres fiel para comenzar a obrar, arreglar, hablar, orquestar y coordinar las cosas a mi favor. Es emocionante saber que estás obrando tanto por mí. ¡Lo único que tengo que hacer es *pedir*!

Y finalmente, tú dices que cuando oro en fe, debo creer que lo recibo... ¡incluso antes de que aparezca! Por tanto creeré, en este momento, que ya lo tengo.

¡Presta atención, Padre! Ya no voy a volver a ser tan tímida. Voy a comenzar a pedirte muchas cosas más.

Gracias. ¡Será *divertido* tenerte más involucrado en cada paso de mi día!

Palabra de Dios

"Codiciáis, y no tenéis; matáis y ardéis de envidia, y no podéis alcanzar; combatís y lucháis, pero no tenéis lo que deseáis, porque no pedís".
Santiago 4:2 RVR-1960

"En aquel día no me preguntaréis nada. De cierto, de cierto os digo, que todo cuanto pidiereis al Padre en mi nombre, os lo dará. Hasta ahora nada habéis pedido en mi nombre; pedid, y recibiréis, para que vuestro gozo sea cumplido".
Juan 16:23-24 RVR-1960

"Si ustedes permanecen en mí y mis palabras permanecen en ustedes, pueden pedir lo que quieran, ¡y les será concedido!".
Juan 15:7 NTV

MI MAYOR VENTAJA

Hola, Dios. La actitud es una cosa muy pequeña que marca una *gran* diferencia. Mi buena actitud me sitúa en el lugar de mayor potencial y oportunidad.

Lo que me sucede constituye solo el 10 por ciento de mi vida; pero el 90 por ciento es cómo *decido* reaccionar. Hoy, cuando me encuentre en una situación en la que todo salga mal, no cederé a mis emociones; las llevaré cautivas y las manejaré. Sé que la actitud correcta establecerá la atmósfera correcta.

Mi actitud positiva es uno de mis *mayores ventajas*. Atraerá a personas hacia mí, ¡es contagiosa! Cuando las personas estén a mi alrededor, de repente comenzarán a sentirse mejor. Me emociona fomentar amor y luz dondequiera que vaya.

El mundo hace un buen trabajo en decirles a todos lo que no son. Dios, permitiré que tú me uses para decirle a tu pueblo quiénes *son* ellos. Son amados por ti; son valorados por ti; son queridos por ti. Tu paz, tu gozo, tu amor y tu bendición rebosarán en mí. Por favor, fluye a través de mí para derramar vida y motivación a otros.

Sin importar cuánto edifique yo a quienes me rodean, sé que siempre puedo hacerlo más veces. Por favor, abre puertas de oportunidad para que pueda forjar nuevas amistades y relaciones de modo que pueda edificar a más personas.

Tú me creaste para que vea lo bueno, y al final me corresponde a mí escoger la actitud que quiero tener. Hoy, ¡escojo ir *contigo*!

Palabra de Dios

"Si buscas el bien, hallarás favor;
pero si buscas el mal, ¡el mal te encontrará!".
Proverbios 11:27 NTV

"El amor acepta todo [independientemente de lo que
venga], con paciencia.
Siempre confía [buscando lo mejor en cada uno].
Nunca pierde la esperanza [permaneciendo firme
en tiempos difíciles], todo lo soporta [sin
debilitamiento]".
1 Corintios 13:7 PDT

"Pero David encontró fuerzas
en el SEÑOR su Dios".
1 Samuel 30:6b NTV

LA MEJOR VERSIÓN DE MÍ

Hola, Dios. Realmente me gustaría mejorar. Quiero avanzar. Quiero ascender. Quiero dejar de meter la pata. Quiero ser *mejor*.

He intentado avanzar, pero para ser sincera, he intentado hacerlo todo por mí misma. Mi manera, con mera fuerza de voluntad, no funciona.

Entonces, ¿cómo hago que mi vida sea mejor?

Tu Palabra dice que confíe en ti para guiar mi vida. Sinceramente, en cierto modo detesto oír eso porque me gusta tener el control. Pero si tu camino me guía hacia una vida mejor de bendición, felicidad y paz, entonces supongo que necesito vencer ese deseo de tener el control y comenzar a seguir tus instrucciones.

La buena noticia es que no estoy sola en esto. Tú estás en mí, y tú eres mayor que mis circunstancias actuales o que cualquier cosa que llegue después. Sé que tú vives en mi interior y quieres que escuche, para que puedas mostrarme cómo mejorar. Y no solo que sea un poco mejor... ¡quieres ayudarme a llegar a ser grande!

Tú compensas mis limitaciones y magnificas mis fortalezas. Tu favor me hace lucir mejor de lo que yo pudiera imaginar y abre puertas para mí que no merezco. Tú me haces mejor de lo que podría ser por mí misma.

Cuando realmente escucho lo que tú me dices y obedezco las palabras que me das, tú me haces ser la mejor versión de mí. Cuando hago las cosas a tu manera, tú me haces ser todo lo que no soy.

No tengo que intentar ser mejor. He estado persiguiendo las metas equivocadas. ¡Debería perseguirte *a ti*!

Palabra de Dios

"Si realmente escuchas al Señor tu Dios, y cumples fielmente todos estos mandamientos que hoy te ordeno, el Señor tu Dios te pondrá por encima de todas las naciones de la tierra. Si obedeces al Señor tu Dios, todas estas bendiciones vendrán sobre ti y te acompañarán siempre".
—Deuteronomio 28:1-2 NVI

"Hijitos, vosotros sois de Dios, y los habéis vencido; porque mayor es el que está en vosotros, que el que está en el mundo".
—1 Juan 4:4 RVR-1960

"De modo que ustedes también están completos mediante la unión con Cristo, quien es la cabeza de todo gobernante y toda autoridad".
—Colosenses 2:10 NTV

"Si tan solo me obedecen,
tendrán comida en abundancia".
—Isaías 1:19 NTV

ESTO ES GRANDE

Hola, Dios. Sé que un David sin espada venció a un gigante de casi tres metros llamado Goliat. Leo acerca de un mar que se dividió por la mitad para que un grupo de esclavos hebreos pudiera escapar. Y recuerdo la historia en la que Daniel fue lanzado al foso de los leones. En lugar de ser comido por los leones, lo sacaron sano y salvo al día siguiente, y lo ascendieron.

Pero yo no soy ningún héroe de la Biblia. Tan solo soy yo. Y lo que estoy enfrentando es realmente grande, demasiado grande para mí. Sé que tú eres especialista en milagros, de modo que es fácil para ti, pero es algo inmenso para mí. ¡No puedo manejar algo de este tamaño!

Ayúdame a recordar que nada es mayor que tú, Dios. Lo que yo veo como una montaña, tú lo ves como oportunidad de demostrar tu poder. Tú no solo *mueves* la montaña, sino que también la pulverizas en partículas tan pequeñas que vuelan como el polvo.

- Ningún problema es mayor que tú.
- Ningún enemigo es más sabio que tú.
- Ninguna enfermedad puede obrar más que tú.

- Ninguna adicción puede soportar tu asombrosa unción.
- Ninguna deficiencia en mí puede detenerte.

Lo *imposible* ni siquiera es un reto para ti. Tú estás por encima de este ámbito en el que estoy atascada. Tú eres mayor de lo que puedo imaginar. Más grande. Más fuerte. Más inteligente. Más rápido. Mejor. Más sabio. Tu gracia rebosa, y tu misericordia abunda. Tu amor nunca termina. Tú nunca abandonas, y ciertamente nunca fallarás.

Dios, te doy lo que a mí me parece un gigante. Está en tus manos ahora, ¡y me emociona ver lo que haces con ello!

Palabra de Dios

"Tú eres el Dios que realiza maravillas;
el que despliega su poder entre los pueblos".
—Salmos 77:14 NVI

"Tuyos, oh Señor, son la grandeza, el poder, la gloria, la victoria y la majestad. Todo lo que hay en los cielos y en la tierra es tuyo, oh Señor, y este es tu reino. Te adoramos como el que está por sobre todas las cosas".
—1 Crónicas 29:11 NTV

"Señor, Dios de nuestros antepasados, ¿no eres tú el Dios del cielo, y el que gobierna a todas las naciones? ¡Es tal tu fuerza y tu poder que no hay quien pueda resistirte!".
—2 Crónicas 20:6 NVI

"Yo soy el Señor, Dios de toda la humanidad. ¿Hay algo imposible para mí?".
—Jeremías 32:27 NVI

VIVIR FUERTE

Hola, Dios. Siento que estoy librando una guerra contra mi propia carne. Si hiciera las cosas a mi manera, ¡me tumbaría en el sillón todo el día comiendo helado!

Quiero comenzar a tomar mejores decisiones en cuanto a la comida, quiero beber más agua y salir afuera para caminar más. Pero mi carne loca tan solo quiere todo en este momento, ¡y no quiero hacer ejercicio!

Sé que cuando me resisto al impulso de llenarme con comida chatarra y refrescos, me siento mucho mejor conmigo misma. Sé que no quiero terminar sufriendo.

- No quiero tener todos los problemas de salud que veo a mi alrededor.
- No quiero depender del alcohol y las drogas como una muleta para poder sobrellevar el día.
- No quiero desgastar mi cuerpo y después tener que orar por sanidad.

¡Quiero vivir fuerte y por mucho tiempo en esta tierra y servirte! ¿Me ayudarás, Dios?

La Biblia dice que mi boca es satisfecha con cosas buenas, y mi juventud se renueva como el águila. Me encanta la palabra *satisfecha*. Denomino la satisfacción como poder caminar sobre dos piernas fuertes todos los días de mi vida; dormir como un niño y levantarme renovada; vivir con un corazón y unos pulmones fuertes que funcionen bien. Afirmo que pasaré mis años con articulaciones que se muevan fácilmente y no tengan dolor. Declaro que siempre luciré, actuaré y me sentiré diez años más joven de lo que soy, en el nombre de Jesús. Desearé y comeré alimentos sanos que me sostengan.

Tú me has dado al Espíritu Santo como mi propio entrenador personal espiritual en el interior. Todo es posible para ti. Estás preparado para ayudarme a tomar buenas decisiones si tan solo me detengo por un segundo y te lo pido.

Dios, tú me conoces íntimamente. Tú conoces mis debilidades y las cosas que regularmente me hacen tropezar. Muéstrame cómo vencer esas tentaciones, dejar a un lado cualquier peso extra, y caminar en tu salud divina.

Con tu ayuda, ¡voy a tomar decisiones más sanas para así vivir una vida larga y fuerte!

Palabra de Dios

"Bendice, alma mía, al Señor,
y no olvides ninguno de sus beneficios.
El es el que perdona todas tus iniquidades,
el que sana todas tus enfermedades;
el que rescata de la fosa tu vida,
el que te corona de bondad y compasión;
el que colma de bienes tus años,
para que tu juventud se renueve como el águila".
—Salmos 103:2-5 LBLA

"Lo saciaré de larga vida,
Y le mostraré mi salvación".
—Salmos 91:16 RVR-1960

"Amado, yo deseo que tú seas prosperado en todas las cosas, y que tengas salud, así como prospera tu alma".
—3 Juan 2 RVR-1960

PEQUEÑAS ZORRAS

Hola, Dios. Tengo la sensación de que necesito cambiar mi vida en gran manera, pero es un poco abrumador pensar en cambiarlo todo a la misma vez. ¿Por dónde empiezo?

Tu Palabra dice que las "pequeñas zorras" pueden destruir toda la viña. En otras palabras, algunas cosas se ven como problemas enormes, pero en realidad solamente hacer unos pequeños ajustes puede marcar una diferencia tremenda. ¿Tan solo unas pocas correcciones? ¡Creo que puedo ocuparme de eso!

Sin duda, contigo, el Dios grande y poderoso que vive en mi interior, puedo hacer pequeños cambios. Poco a poco, ¡serán grandes!

- Tendré un poco más de fe.
- Amaré más fácilmente.
- Perdonaré la deuda pequeña porque tú perdonaste mi gran deuda.
- Permitiré que obre en mí un poco más de paciencia.
- Seguiré tu dirección y seré obediente a tu Palabra, día tras día.

¿De qué tengo miedo? ¿De un poco de trabajo? ¿Un pequeño reto? ¿De darte un poco de confianza? ¡No dejaré que esos pequeños ajustes eviten que llegue a las altas cumbres que tú tienes para mí! Aún no estoy donde quiero estar, pero tampoco estoy donde solía estar.

Estoy emocionada, Dios, de que me estés ayudando a hacer estos pequeños ajustes. Voy a vivir una gran vida y a no permitir que las pequeñas zorras me detengan.

Palabra de Dios

"Atrapen a las zorras, a esas zorras pequeñas que arruinan nuestros viñedos, nuestros viñedos en flor".
—Cantares 2:15 NVI

"Y que la paciencia tenga su perfecto resultado, para que seáis perfectos y completos, sin que os falte nada".
—Santiago 1:4 LBLA

"Si son fieles en las cosas pequeñas, serán fieles en las grandes; pero si son deshonestos en las cosas pequeñas, no actuarán con honradez en las responsabilidades más grandes".
—Lucas 16:10 NTV

"Y El les dijo: Por vuestra poca fe; porque en verdad os digo que si tenéis fe como un grano de mostaza, diréis a este monte: "Pásate de aquí allá", y se pasará; y nada os será imposible".
—Mateo 17:20 LBLA

SOY BENDECIDA

Hola, Dios. Ya sea que me dé cuenta en este momento o no, tú me has bendecido de maneras que no puedo ni siquiera entender. Tu Palabra dice que las ventanas de los cielos están abiertas, y estás derramando bendiciones para mí que no puedo contener. Yo digo: "¡Que llueva!".

La bendición ordenada en la Biblia me dice que si vivo una vida que te da honra a ti y soy obediente a tu Palabra, entonces las bendiciones me perseguirán y me alcanzarán. Dice que seré bienaventurada en la ciudad y bienaventurada en el campo. Seré bienaventurada al entrar y bienaventurada al salir.

Te doy gracias porque soy bienaventurada en mi salud, mi familia y mis finanzas. Te doy gracias porque soy bienaventurada en mi ánimo, mis actitudes y mis emociones. Soy bienaventurada en mi empleo y se me ofrecen oportunidades poco comunes, favor, ascensos y promociones.

Te doy gracias porque soy bendecida con amistades y relaciones por encima de mis expectativas. Te doy gracias porque soy bendecida con tu favor y se abren puertas de oportunidad para mí. A donde vayan mis pies, ¡soy bendecida!

Te doy gracias, Padre, porque disfruto de lo mejor en cada área de mi vida. Tengo la bendición de Abraham, Isaac, Jacob y Jesús. Soy bienaventurada cuando ni siquiera *siento* que soy bienaventurada. Soy como un árbol plantado junto a corrientes de aguas. Todo lo que hago prospera.

Ayúdame a recordar que soy bienaventurada para poder ser una bendición para otros. Estoy agradecida de que tú me bendigas para que yo pueda seguir bendiciéndote a ti y a los demás.

Tu Palabra dice que cuando doy, tú me devuelves. Pero tú no te limitas a devolver, sino que devuelves con *extra* y *bendición*. Tú haces que toda gracia y favor lleguen a mí en abundancia.

Cuanto más bendigo a otros, más bendecida me encuentro yo misma. Tu bondad, tu amor y tu amabilidad siguen llegando hasta mí. Tu Palabra declara que cuando doy, aumentan los frutos de mi justicia.

¡Soy bendecida para ser una bendición!

Palabra de Dios

"Y haré de ti una nación grande, y te bendeciré,
y engrandeceré tu nombre, y serás bendición".
—Génesis 12:2 RVR-1960

"Cada uno dé como propuso en su corazón:
no con tristeza, ni por necesidad, porque
Dios ama al dador alegre".
—2 Corintios 9:7 RVR-1960

"Ustedes serán enriquecidos en todo sentido para que
en toda ocasión puedan ser generosos, y para que por
medio de nosotros la generosidad de ustedes resulte en
acciones de gracias a Dios".
—2 Corintios 9:11 NVI

"Den, y se les dará: se les echará en el regazo una
medida llena, apretada, sacudida y desbordante.
Porque con la medida que midan a otros, se les
medirá a ustedes".
—Lucas 6:38 NVI

MI BUENA DECLARACIÓN

Hola, Dios. A veces siento que estoy *atascada* en mis propios pensamientos, como si, en cierto modo, tuviera que aprender a pensar de modo distinto.

Con frecuencia me sorprendo a mí misma meditando en mi pasado, el modo en que he arruinado las cosas e incluso en lo que otras personas dicen de mí. Todos esos pensamientos son como un disco rayado en mi cabeza que se repite una y otra vez.

Sé que tú no me creaste para pensar a este nivel tan bajo. Tengo que limpiar mi cabeza para poder llenarla con tus pensamientos. Soy tu hija. ¡Debería pensar como tú!

Así que en este momento, Dios, me propongo en mi corazón pensar como tú. Tu Palabra dice que soy renovada, soy fortalecida y edificada al pensar en lo que tú me dices que piense, que en realidad soy *cambiada* cuando pienso en lo que tú deseas.

Por lo tanto, ¿en qué me dices que piense? Me dices que piense en cosas buenas, en cosas que son verdaderas. ¿Qué es cierto de ti?

- Es cierto que tú estás conmigo y no contra mí.
- Es cierto que me amas más de lo que puedo saber.
- Es cierto que me has perdonado todo lo que he hecho.
- Es cierto que tu misericordia sobrepasa cualquier pecado que cometeré.

Recuerdo cosas que son sinceras, justas y puras, lo positivo y lo posible. Traigo a mi mente cosas que son buenas o dignas de elogio. Tú me diste un día más en este planeta. Tú me has acercado más a ti. Tú te estás moviendo en mi vida.

Tal como piensa el hombre, así es él. Cuando me concentro intencionadamente en lo bueno, puedo sentir que mi ánimo cambia, la preocupación se aleja, llegan la emoción y la expectativa, surge la esperanza, y la fe se edifica en mi interior.

Mi buena declaración es:

- La puesta de sol fue hermosa.
- Tú me diste un día más en este planeta para hacer cosas y permitirte que obres en mi vida.
- Me has acercado más a ti; ¡puedo decir eso porque estamos hablando en este momento!
- Tú te estás moviendo en mi vida. Incluso si aún no puedo verlo, sé que es verdad.

¿Sabes que, Dios? ¡Esto realmente funciona! Creo que estoy en el camino correcto, ¡y me siento como me siento porque pienso como pienso!

¡Ya me siento mejor porque estoy pensando como tú!

Palabra de Dios

"Porque mis pensamientos no son vuestros pensamientos, ni vuestros caminos mis caminos —declara el Señor. Porque como los cielos son más altos que la tierra, así mis caminos son más altos que vuestros caminos, y mis pensamientos más que vuestros pensamientos".
—Isaías 55:8-9 LBLA

"No se amolden al mundo actual, sino sean transformados mediante la renovación de su mente. Así podrán comprobar cuál es la voluntad de Dios, buena, agradable y perfecta".
—Romanos 12:2 NVI

"Por lo demás, hermanos, todo lo que es verdadero, todo lo digno, todo lo justo, todo lo puro, todo lo amable, todo lo honorable, si hay alguna virtud o algo que merece elogio, en esto meditad".
—Filipenses 4:8 LBLA

"Porque ¿quién conoció la mente del Señor? ¿Quién le instruirá? Mas nosotros tenemos la mente de Cristo".
—1 Corintios 2:16 RVR-1960

TE ESCOJO A TI

Hola, Dios. A veces *tengo la sensación* de que no tengo otra opción porque estoy enojada o triste… ¡o me siento completamente indefensa! Tengo que admitir, sin embargo, que incluso cuando creo que no tengo otra opción, en realidad *estoy* escogiendo. Estoy renunciando hacer mi elección.

Puede que no tenga control sobre mis circunstancias, pero sí tengo la capacidad de decidir cómo voy a *reaccionar* a mis circunstancias. Pero si no decido creer intencionalmente que estás obrando a mi favor, entonces eso no es realmente fe. Probablemente, eso no te agradará y puede que incluso obstaculize mi milagro.

Mi boca puede ser un pozo profundo y oscuro de derrota o una fuente refrescante de vida. Todo depende del modo en que *decida* usarla. Supongo que por eso tú me dices que escoja la vida con propósito, porque no sucederá de ningún otro modo.

La muerte y la vida están en poder de mi lengua, de modo que tengo que *escoger* la vida, en especial cuando es muy tentador tan solo quejarme sobre mi situación en lugar de creerte a ti para lo mejor.

Si no me mantengo firme en la fe, ¿quién se mantendrá en fe por mí? Necesito pensar continuamente "pensamientos de fe" y declarar "palabras de fe".

Por lo tanto, supongo que es bastante sencillo. Te creo a ti y a tu Palabra, o no lo hago.

Mi actitud es una elección. Mi gozo es una elección. La persistencia es una elección. La fe es una elección. Confiar en ti es mi elección. ¡Te escojo a ti!

Palabra de Dios

"Pero sin fe es imposible agradar a Dios; porque es necesario que el que se acerca a Dios crea que le hay, y que es galardonador de los que le buscan".
—Hebreos 11:6 RVR-1960

"Manantial de vida es la boca del justo; Pero violencia cubrirá la boca de los impíos".
—Proverbios 10:11 RVR-1960

"Hoy pongo al cielo y a la tierra por testigos contra ti, de que te he dado a elegir entre la vida y la muerte, entre la bendición y la maldición. Elige, pues, la vida, para que vivan tú y tus descendientes".
—Deuteronomio 30:19 NVI

"Pelea la buena batalla de la fe, echa mano de la vida eterna, a la cual asimismo fuiste llamado, habiendo hecho la buena profesión delante de muchos testigos".
—1 Timoteo 6:12 RVR-1960

QUIERO QUEJARME AHORA MISMO

Hola, Dios. Lo siento, pero supongo que tengo talento para señalar lo que hay de malo en cualquier situación. A veces parece que tuviera aceite en mi lengua, y se me escapan cosas negativas antes de que ni siquiera me dé cuenta de las palabras que utilizo.

Esa no es mi intención, y ni siquiera es en lo que quiero enfocarme. Sin duda, no quiero ser esa persona de la que la gente rehúye porque me comporto como una aguafiestas. ¡Realmente voy a necesitar tu ayuda con esto! Sé que la queja puede ser un obstáculo en este mundo y contigo.

En el desierto, los israelitas tenían muchas bendiciones pero ni siquiera podían verlas. Habían salido de la esclavitud, el Mar Rojo se dividió, y caía sobre ellos el maná (comida rápida), desde el claro cielo azul. ¡Ni siquiera tenían que cocinar! Sus ropas no se desgastaban. Incluso les diste codornices para que comieran carne cuando lo pidieron, y agua en medio del desierto. Pero ellos se seguían quejando, y eso les alejó de las bendiciones que tú tenías para ellos.

Sé que mi queja puede ser un obstáculo en este mundo y contigo. Cuando me quejo de mi vida bendecida, sin duda eso no te obliga a actuar.

No quiero que mi bendición futura sea secuestrada porque no estoy reconociendo lo bueno en mi situación presente. No quiero quedarme aquí en este nivel durante el resto de mi vida.

Mi actitud, mi alabanza y mi gratitud a ti no deberían basarse en mis circunstancias, pues eso te limita a hacer solamente lo que yo puedo ver. Quiero permitir que obres en el ámbito de lo que yo *no puedo* ver.

Gracias, Dios, ¡por amarme siempre! Gracias porque me desperté hoy, y tus misericordias fueron nuevas. Gracias porque cada día me inundas de los asombrosos beneficios de ser tu hija.

Palabra de Dios

"Poco después el pueblo comenzó a quejarse de las privaciones que enfrentaba, y el Señor oyó todo lo que decían. Entonces el enojo del Señor se encendió contra ellos y envió un fuego que ardió entre ellos y destruyó a algunos en las afueras del campamento".
—Números 11:1 NTV

"Den gracias a Dios en toda situación, porque esta es su voluntad para ustedes en Cristo Jesús".
—1 Tesalonicenses 5:18 NVI

"Bendice, alma mía, al Señor,
y no olvides ninguno de sus beneficios".
—Salmos 103:2 LBLA

¿QUIÉN SOY YO?

Hola, Dios. El mundo intenta decirme que mi futuro ya ha sido decidido por mi pasado: dónde nací, dónde fui a la escuela, lo que he hecho, e incluso lo que me han hecho. La gente hace que parezca que lo que sucedió en el pasado es inmutable.

Esto es lo que pasa: esa podría ser la experiencia de ellos, pero obviamente no te conocen a ti. Tú no piensas como nosotros ni obras como nosotros. De hecho, yo no soy ninguna de esas cosas que se han repetido tantas veces en mi mente:

- No soy lo que dicen mis padres.
- No soy como me ve mi cónyuge.
- No soy lo que piensa de mí la gente en el trabajo.

No importa si lo que otros dicen de mí es un "hecho" o no. Tu verdad es mayor que sus hechos. ¡Yo soy quien *tú* dices que soy!

Tú dices que soy *redimida, perdonada, aceptada* y *hecha justa* en Cristo; y sé que la verdad que tú declaras es mucho mayor que cualquier cosa que el hombre pudiera decir sobre mí.

Tú me has liberado de la vergüenza de mi pasado. No tengo que sentirme indigna. Soy tu hija, una obra maestra creada para buenas obras.

No me pasaré la vida mirando por el espejo retrovisor. Mi pasado es solo eso: *pasado*. Ha terminado, se ha ido, es borrado para siempre. Pasaré mi vida mirando hacia delante a las cosas maravillosas que tú tienes preparadas para mí.

No puedo controlar lo que me hicieron, pero tú haces que todo obre para mi bien. Tú has ido delante de mí para iluminar mi camino, guiar mi camino, y mostrarme por dónde ir.

Gracias, Señor, ¡porque mi futuro se ve bueno, brillante y bendecido!

Palabra de Dios

"Muchas son, Señor mi Dios,
las maravillas que tú has hecho.
No es posible enumerar
tus bondades en favor nuestro.
Si quisiera anunciarlas y proclamarlas,
serían más de lo que puedo contar".
—Salmos 40:5 NVI

"Luego Nehemías añadió: «Ya pueden irse. Coman bien, tomen bebidas dulces y compartan su comida con quienes no tengan nada, porque este día ha sido consagrado a nuestro Señor. No estén tristes, pues el gozo del Señor es nuestra fortaleza".
—Nehemías 8:10 NVI

"El Señor irá delante de ti; El estará contigo, no te dejará ni te desamparará; no temas ni te acobardes".
—Deuteronomio 31:8 LBLA

NO SÉ QUÉ DECIR

Hola, Dios. Hay veces en que sencillamente no sé qué decir.

Quiero gritar y estar enojada. Quiero quejarme de lo injusta que es la vida y lo que me molesta. Quiero decir que las cosas son muy difíciles. Quiero decir que estoy cansada y no soy feliz. Quiero quejarme y decirle a todo el mundo lo que me está sucediendo. Pero tú dices que no permita que esas cosas salgan de mi boca. Tú quieres que me enfoque en la promesa, quieres que me concentre en ti.

Muy bien, ese es un ajuste muy grande.

Entonces, ¿qué *debería* decir, exactamente?

Hablaré sobre la ocasión en que tú me enviaste un dinero inesperado cuando más lo necesitaba. Recordaré cuando me sanaste de mi dolor de cabeza, mi resfriado, mi dolor de espalda, y muchas otras veces. Diré *en voz alta al universo* cuán bueno has sido conmigo. Diré cómo me salvaste, me redimiste, seguiste levantándome incluso cuando fallé y fracasé una y otra vez.

Tu Palabra me dice que hable al monte en el nombre de Jesús, así que le diré al problema: "¡Apártate de mi camino! Me niego a permitir que tengas ningún poder sobre mi vida. ¡Ese es el lugar de mi Dios!".

Eso es lo que estoy haciendo en este momento. No tengo miedo de acercarme a ti con tus promesas.

Testifico en voz alta de tu bondad en mi vida. Tú suples cada necesidad e incluso los deseos de mi corazón.

- ¡Deseo salud! Tú me satisfaces con larga vida.
- ¡Deseo paz! La paz es un regalo que tú me has dado.
- ¡Deseo bendición! Tu bendición me enriquece, y no hay tristeza en ella.

Ahora sé qué decir. Ya no entregaré mis palabras al enemigo, a la negatividad o a mis problemas. Tú eres quien tiene el poder. Tú eres mi Padre, mi Dios, ¡y confío en ti!

Palabra de Dios

"Ninguna palabra corrompida salga de vuestra boca,
sino la que sea buena para la necesaria edificación,
a fin de dar gracia a los oyentes".
—Efesios 4:29 RVR-1960

"Les digo la verdad, ustedes pueden decir a esta
montaña: "Levántate y échate al mar", y sucederá;
pero deben creer de verdad que ocurrirá y no tener
ninguna duda en el corazón. Les digo, ustedes pueden
orar por cualquier cosa y si creen que la han recibido,
será suya".
—Marcos 11:23-24 NTV

"La muerte y la vida están en poder de la lengua,
Y el que la ama comerá de sus frutos".
—Proverbios 18:21 RVR-1960

NO ME DARE POR VENCIDA

Hola, Dios. El enemigo intentará hacer que me de por vencida cuando esté más cerca de mi victoria. Es ahí donde él está en riesgo de perder, ¡así que no me dare por vencida!

Puede que sea derribada, pero no estoy acabada. Incluso cuando sufro, aun sigo aquí.

No importa cómo me hirieron o el tipo de ataque contra mí; no importa si una amiga me ofendió, si mi negocio va lento, si me han engañado, o si estoy enferma. El hecho es que: Aun. Sigo. Aquí.

He decidido permanecer en la lucha. La batalla no es mía, de todos modos. La batalla es tuya, ¡y la victoria es mía!

No puedo darme por vencida. Estoy bendecida por encima de cualquier maldición. Tú promesa no tiene fin, y tu gozo es la fortaleza que necesito cuando no tengo fuerzas por mí misma. Tú llenas mis brechas. Donde yo termino, ¡tu poder y tu fuerza *comienzan*!

Cuando se acerca mi victoria, el enemigo intentará hacer todo lo posible por distraerme, desviarme, o hacer que saque la bandera blanca como muestra de derrota. Sin embargo, *no* me dare por vencida. Si recibo malas noticias, lo tomaré como que el enemigo está asustado.

Si no hubiera pelea, la Biblia nunca me habría dicho que me ponga toda la armadura de Dios. Eso significa que tú me cubres, tú me rodeas y me proteges. Tú me has cubierto desde la cabeza, con el casco de la salvación, hasta las plantas de los pies... mi calzado de la paz. Me gusta ese calzado.

Tú eres mi espada y mi escudo. Me *equipas* para cualquier cosa y me *fortaleces* en medio de todo. Tú me defiendes y me proteges.

Si tú me preparas, y lo has hecho; si me das fuerzas, y lo haces; si peleas por mí, y lo harás como has prometido, *¿por qué* me daría por vencida? Tú estás conmigo siempre. *No me dare por vencida*. Voy de camino hacia la victoria.

Palabra de Dios

"Que estamos atribulados en todo, mas no angustiados; en apuros, mas no desesperados; perseguidos, mas no desamparados; derribados, pero no destruidos".
—2 Corintios 4:8-9 RVR-1960

"Así os dice el Señor: "No temáis, ni os acobardéis delante de esta gran multitud, porque la batalla no es vuestra, sino de Dios".
— 2 Crónicas 20:15 LBLA

"Por lo tanto, pónganse toda la armadura de Dios, para que cuando llegue el día malo puedan resistir hasta el fin con firmeza. Manténganse firmes, ceñidos con el cinturón de la verdad, protegidos por la coraza de justicia, y calzados con la disposición de proclamar el evangelio de la paz. Además de todo esto, tomen el escudo de la fe, con el cual pueden apagar todas las flechas encendidas del maligno. Tomen el casco de la salvación y la espada del Espíritu, que es la palabra de Dios".
—Efesios 6:13-17 NVI

NO HAY DUDA

Hola, Dios. Sé que tengo problemas cuando una amiga intenta decirme que vea el lado bueno o trata de animarme y yo levanto las cejas porque solo veo el lado negativo.

La duda no me lleva a ninguna parte, y ciertamente nunca conduce a la victoria. La duda nunca inventó nada ni tomó nuevo territorio, y nunca saca lo mejor de las personas ni el héroe que hay en mi interior. La duda es una herramienta del enemigo.

Si el enemigo puede lograr que yo cuestione tu bondad (por qué me creaste, los dones que me has dado o quién soy en ti), entonces puede desviarme de mi futuro. Si le permito que plante una semilla de duda en mi mente, entonces él tiene una esperanza de tener éxito.

Eso es lo que le sucedió a Eva en el jardín. La serpiente sugirió el pensamiento: "¿De veras puede ser? Dios solo quiere ocultarte cosas buenas". ¡Mentiroso! Las semillas de duda, si no se abordan, conducen a una caída.

¡Satanás incluso lo intentó varias veces con Jesús! "Si eres el Hijo de Dios…". Estaba tratando de conseguir que Jesús dudara de quién era Él. "Si" es la señal de duda del enemigo. Si intentó que Jesús dudara de quién era Él, entonces intentará también que yo dude de quién soy.

La duda es una página muy desgastada del libro de jugadas del enemigo.

Dios, tú no quieres que la incredulidad nuble la puerta de mi corazón ni que ensombrezca lo que sé que tú puedes hacer. No quieres que vacile ni que tenga miedo a pedir. Cuando oro y pido en fe, ¡creo que tú comienzas a obrar *inmediatamente* para hacer que sucedan cosas!

Soy creyente, y no alguien que duda. Pido en fe, y tú haces que suceda. Tú eres mejor de lo que pueda jamás imaginar; eres más grande de lo que puedo comprender. Tu gracia se extiende más allá de mi conocimiento, y tu misericordia es tan expansiva que nunca podré entenderla.

Por lo tanto, Dios, te pediré en fe. Sin dudas. Ahora mismo, te pido....

_____
_____
_____
_____
_____
_____

Palabra de Dios

"Les responderé antes que me llamen.
Cuando aún estén hablando de lo que necesiten,
¡me adelantaré y responderé a sus oraciones!".
—Isaías 65:24 NTV

"Pero pida con fe, no dudando nada; porque el que duda es semejante a la onda del mar, que es arrastrada por el viento y echada de una parte a otra. No piense, pues, quien tal haga, que recibirá cosa alguna del Señor. El hombre de doble ánimo es inconstante en todos sus caminos".
—Santiago 1:6-8 RVR-1960

"Les aseguro que, si alguno le dice a este monte: "Quítate de ahí y tírate al mar", creyendo, sin abrigar la menor duda de que lo que dice sucederá, lo obtendrá. Por eso les digo: Crean que ya han recibido todo lo que estén pidiendo en oración, y lo obtendrán".
—Marcos 11:23-24 NVI

RISA, NO PREOCUPACIÓN

Hola, Dios. Tengo que admitir que estoy aquí sentada preocupándome por algo que aún no ha sucedido. Supongo que es posible que *nunca* suceda, pero no dejo de pensar: ¿Y si sucede?

Sé que parece una tontería, pero no puedo dejar de analizar cada escenario posible; y aun así no me siento mejor, y no me va mejor que cuando comencé.

No es así como tú me quieres ver. No me quieres ver deprimida y permitiendo que las noticias y los retos del presente me dominen.

Estoy intentando con mucha fuerza no dejar que los pensamientos negativos gobiernen mi día porque no quiero que el enemigo gane. ¡De ninguna manera! Yo *no* estoy en su equipo. ¡Soy hija del Dios Altísimo!

Tú eres mi fortaleza y mi redentor, Dios, de modo que hablo a esas preocupaciones estúpidas, a esos pensamientos estresantes y a esos escenarios de ansiedad y les digo que *nada* es demasiado grande para ti.

Tú lo conoces todo, estás sentado en el cielo y ríes. No te ríes de mí; te ríes ante lo ridículo que intenta derribarme: las noticias del día, despidos, la economía, informes de salud, lo que piensan mis seres queridos, lo que intentan hacer mis enemigos. Mientras yo me he estado preocupando, tú ríes.

Si tú estás riendo, ¡yo también debería estar riendo! Tú eres mayor que cualquier problema, mayor que cualquier emergencia, y tienes el control de todo el universo por toda la eternidad. Sé que también tienes esta situación en tus manos.

El corazón alegre hace bien, es como medicina. Ayúdame, Padre, a echar todas mis preocupaciones sobre ti para así poder reír... ¡juntamente contigo!

Palabra de Dios

"El que mora en los cielos se reirá;
El Señor se burlará de ellos".
—Salmos 2:4 RVR-1960

"El corazón alegre constituye buen remedio;
Mas el espíritu triste seca los huesos".
—Proverbios 17:22 RVR-1960

"Depositen en él toda ansiedad,
porque él cuida de ustedes".
—1 Pedro 5:7 NVI

"Porque no nos ha dado Dios espíritu de cobardía,
sino de poder, de amor y de dominio propio".
—2 Timoteo 1:7 RVR-1960

CLAMO A TI

Hola, Dios. Me gusta pensar que soy fuerte. Lo *bastante* fuerte, en cualquier caso.

Pero a veces las cosas llegan a superarme. Permito que el chisme y la "charla" de las personas me afecten, o comienzo a sentirme traicionada y abandonada. Y entonces, lo siguiente que pasa es que mis ojos se llenan de lágrimas y no puedo evitar llorar.

El problema es que realmente nunca me siento mejor después. Nada ha cambiado. Necesito ayuda en esto.

Ya lo sé, no tengo que ser fuerte por mí misma. Tu promesa dice que cuando mi corazón está quebrantado, cuando me siento abatida y clamo a ti, entonces tú me salvarás de todo lo que me esté dañando. Cuando me derrumbo, siempre puedo pedir ayuda, y tú *correrás* a mi lado. Cuando te invito a entrar en mi herida, tú traes esperanza.

Necesito esperanza porque me protege de la depresión y la autocompasión. La esperanza hace posible que deje de pensar en mí misma y en mi capacidad para intentar arreglar las cosas, y en cambio ponga mi enfoque en ti.

Esperanza. La esperanza en ti impedirá que me derrumbe. Cuando me aferro a la esperanza y la fe, el peso de mis problemas se aparta de mí y se traslada a ti. ¡Es una buena sensación poder respirar!

De ahora en adelante te entregaré todos mis problemas porque sé que tú puedes manejarlos. Tú eres el Dios de la esperanza. Poner mi confianza en ti me da paz y felicidad, ¡y cambiaré el llorar en el cuarto de baño por paz y felicidad cualquier día!

Ahora no se desperdicia mi tiempo. Es productivo. Tú me haces fuerte, secas todas mis lágrimas, y restauras mi alma. Contigo a mi lado, ¿quién o qué puede molestarme?

Te prometo, Señor, no llorar más por el problema. ¡Estoy demasiado ocupada clamando *a ti* y viendo cómo tu gracia obra en mi favor!

Palabra de Dios

"Solo en Dios halla descanso mi alma;
de él viene mi esperanza".
—Salmos 62:5 NVI

"Y el Dios de esperanza os llene de todo gozo y paz en el creer, para que abundéis en esperanza por el poder del Espíritu Santo".
—Romanos 15:13 RVR-1960

"El Señor oye a los suyos cuando claman a él por ayuda; los rescata de todas sus dificultades.
El Señor está cerca de los que tienen quebrantado el corazón; él rescata a los de espíritu destrozado".
—Salmos 34:17-18 NTV

"Este pobre clamó, y el Señor le oyó,
y lo salvó de todas sus angustias".
—Salmos 34:6 LBLA

ENEMIGO, ¿QUIÉN?

Hola, Dios. Cuando alguien habla tonterías acerca de mí, cuando escasea el dinero, cuando mis problemas parecen una ola enorme... que se acerca a mí con una fuerza tan abrumadora que me mantiene despierta en la noche... tengo que recordar lo que tú me prometiste.

Tú no dijiste que los problemas no llegarían a mi camino o que no tendría un enemigo. Tú me aseguraste que nunca tendría que soportar yo sola y que tú me sostendrías con tus manos de justicia. Tú has ido delante de mí, *abriste un camino para mí*, y has hecho una trampa para mi enemigo.

Sé que siempre habrá personas por ahí que quieran causarme problemas y herirme; pero tú ya tienes planes para tomar cualquier basura que tiren ante mí y utilizarla para mi propio bien. Mi enemigo ve una derrota inminente, pero tú ves una nueva manera para bendecirme que yo no esperaba.

En este momento, digo en fe:

- Soy hija de Dios, y mi enemigo no me tocará.
- Los principados y potestades de maldad no pueden operar contra mí de ninguna manera.

- Cuando llegan problemas, como un río, la bandera del Señor se levanta contra ellos.
- El Dios de victoria está de mi lado. La sangre de Jesús ha sido aplicada.

Tú eres mi roca. Tú eres mi defensa.

Mi enemigo no puede moverme porque tendría que vérselas contigo antes. No tengo que esconderme. Tú me respaldas, y la paz se dirige a mi camino cuando el problema intenta levantar su fea cabeza. Tú, Dios, llegas para desmantelar, distraer, desviar, desactivar y destruir a todos mis enemigos.

Dios, por favor rodéame y protégeme de toda maldad. No tengo que esconderme porque tú me proteges. Cuando se levanten enemigos contra mí, no tienen ninguna posibilidad de ganar porque el Dios de los cielos y la tierra esta de mi lado. No soy tan solo vencedora, ¡soy también más que vencedora!

Palabra de Dios

"No temas, porque yo estoy contigo;
no desmayes, porque yo soy tu Dios que te esfuerzo;
siempre te ayudaré, siempre te sustentaré
con la diestra de mi justicia".
—Isaías 41:10 RVR-1960

"Antes, en todas estas cosas somos más que vencedores
por medio de aquel que nos amó".
—Romanos 8:37 RVR-1960

"Cuando los caminos del hombre son agradables al
Señor, aun a sus enemigos hace que estén en paz con
él".
—Proverbios 16:7 LBLA

"Porque el Señor vuestro Dios es el que va
con vosotros, para pelear por vosotros
contra vuestros enemigos, para salvaros".
—Deuteronomio 20:4 LBLA

¡ME ATREVERÉ!

Hola, Dios. Tú quieres que tenga fe porque sin fe es imposible agradarte. Se necesita fe para hacer cualquier cosa que no puedo hacer por mí misma. Si pudiera hacerlo todo por mí misma, nunca necesitaría fe.

¿Qué es la fe?

- Fe es confiar en ti, confiar en que tú me levantarás cuando no pueda sostenerme yo sola.
- Fe es confiar en que tú llenarás las brechas cuando yo no llegue.
- Fe es confiar en tus promesas y saber que dirigiste esas promesas hacia *mí*.

La fe en ti ni siquiera comienza hasta que se hayan agotado todas mis fuerzas. Pedro debió tener mucho miedo a dar un paso y salir de una barca segura hacia el agua oscura y tormentosa.

Si confío en mi vista natural, nunca podré salir de mi barca y caminar sobre el agua. Cuando la situación que me rodea es difícil, y no puedo ver cómo hacer que sucedan las cosas, es *entonces* cuando tú demandas mi fe.

Si quiero lograr cosas asombrosas que nadie ha hecho jamás, entonces tengo que salir de la barca, fuera de mi zona de seguridad, ¡y creer! Tú haces que lo imposible sea *posible*.

Mi fe comienza donde mi capacidad termina. Pongo mi vida en tus manos.

Hoy, ¡me atreveré!

Palabra de Dios

"Pero sin fe es imposible agradar a Dios; porque es
necesario que el que se acerca a Dios crea que le hay,
y que es galardonador de los que le buscan".
—Hebreos 11:6 RVR-1960

"Es, pues, la fe la certeza de lo que se espera,
la convicción de lo que no se ve".
—Hebreos 11:1 RVR-1960

"Porque por fe andamos, no por vista".
—2 Corintios 5:7 RVR-1960

"Entonces Jesús, mirándolos, dijo: Para los hombres
es imposible, mas para Dios, no; porque
todas las cosas son posibles para Dios".
—Marcos 10:27 RVR-1960

¡APRESÚRATE!

Hola, Dios. Hay veces en que me frustro y pienso que tú no actúas lo bastante rápido. Quiero que te apresures más; que me des mi bendición antes; que abras una nueva puerta antes; que me sanes ahora mismo; ¡que me traigas el dinero hoy!

Aún no estoy donde quiero estar. Ya quiero estar allí, ¡desde el año pasado! ¿Por qué no acudes a ayudarme?

Aunque aún no estoy donde quiero estar, tengo que admitir que sin ninguna duda no estoy donde *solía* estar. Tú me has levantado; tú me has cambiado; tú has transformado mi vida. Estoy agradecida, Dios. Tan solo quiero estar más lejos… más rápido.

Al mismo tiempo, cuando miro el tamaño, el ámbito y la totalidad de mi sueño, me asusta un poco, pues es mucho más grande de lo que soy yo. Si me enfoco en mi sueño como un todo, no creo que pueda dominarlo.

¿Cómo puedo querer que tu bendición llegue incluso más rápidamente pero al mismo tiempo verme abrumada por todo ello?

Tú dices que está comenzando una nueva etapa en mi vida, una etapa que nunca antes he experimentado.

Poco a poco, dices que puedes ayudarme para que yo pueda manejarlo. Gradualmente, tú crearás y me revelarás soluciones y me darás paciencia para esperar a que lleguen más cosas. Tú me guiarás paso a paso para que tenga tiempo para crecer, ajustarme, y manejar el éxito. Tú me sostendrás para que cuando yo "posea la tierra", pueda permanecer en ella.

Este ritmo que a veces me frustra fue creado para sostenerme. Es un plan que puedo seguir de modo que sea vencedora durante toda la vida y no solo un momento.

Tú eres el autor y consumador. No quieres que yo comience y no termine, o que pruebe el éxito y la bendición y después los pierda. Tú quieres que viva en tu tierra de la promesa.

Paso a paso, ¡puedo lograr esto contigo!

Palabra de Dios

"Hazme andar por el camino de tus mandatos,
porque allí es donde encuentro mi felicidad".
—Salmos 119:35 NTV

"Yo te haré saber y te enseñaré el camino en que
debes andar; te aconsejaré con mis ojos puestos en ti".
—Salmos 32:8 LBLA

"El dinero mal habido pronto se acaba;
quien ahorra, poco a poco se enriquece".
—Proverbios 13:11 NVI

SER YO MISMA

Hola, Dios. Sé que tú me creaste de este modo *a* propósito, ¡*con* un propósito!

Aunque puede que no me guste todo acerca de mí misma, sé que tú me creaste de esta manera con un motivo. Tú me moldeaste a tu imagen. ¡Vaya! Como cuando las personas miran a mis padres y después me miran a mí y saben que somos familia, así me parezco a ti. Por eso no puedo ser infeliz con el modo en que tú me creaste.

Tú, el Creador, me hiciste. No a esa "pobre de mí"… sino a *mí*. Soy *tu* hija, tu obra maestra creada en Cristo Jesús. Tú no solamente me aceptas, ¡sino que también soy creada, moldeada y *diseñada* por ti! Tú me tuviste en tan alta estima cuando me creaste que permitiste que Jesús fuera crucificado para salvarme. Supongo que eso significa que me crees una persona "por la que vale la pena morir".

Cuando cuestiono por qué me creaste diferente y única, cuando me pregunto por qué no soy como todos los demás, recuerdo que se debe a que tú me hiciste especial. Soy única. Esos rasgos distintivos y singulares en cuanto a mí son las cosas que me distinguen.

Tú no haces basura. Tú haces cosas hermosas del polvo de la tierra y soplas vida en ellas, ¡en *mí*! Me creaste del modo en que tú me *quieres*, y si te gusto de este modo, también debería gustarme a mí misma. Tú dices incluso que soy maravillosamente creada.

No solo me moldeaste de esta manera, sino que también me *llamaste* por mi nombre. No tenías en mente una persona al azar o una vida anónima; me tenías en mente a *mí*, con todos mis rasgos inusuales e interesantes. Tenías en mente mi nombre, a mí, y mi *vida*.

Para mí, ser "yo misma" es auténtico, orgánico y tiene propósito. Hay solo una persona en toda la historia con mi huella, una huella tan distinta como la marca que tú quisiste que yo deje en esta tierra. Soy la única "Yo" que ha sido creada, y nadie puede ser un mejor "yo" que *yo misma*.

Palabra de Dios

"Y creó Dios al hombre a su imagen,
a imagen de Dios lo creó;
varón y hembra los creó".
—Génesis 1:27 RVR-1960

"Te alabaré, porque asombrosa y
maravillosamente he sido hecho; maravillosas
son tus obras, y mi alma lo sabe muy bien".
—Salmos 139:14 LBLA

"Antes que te formase en el vientre te conocí,
y antes que nacieses te santifiqué,
te di por profeta a las naciones".
—Jeremías 1:5 RVR-1960

NO TEMAS

Hola, Dios. ¿Por qué no? ¿Por qué no temer? Todo el mundo tiene miedo. Todo lo que sale en las noticias es malo. La economía está en declive; se producen asesinatos; los líderes son corruptos; e incluso anuncian que necesitamos lluvia! ¡Las noticias hacen que ni siquiera quiera salir de la casa!

La Biblia dice que los corazones de los hombres desfallecen debido al temor. Yo soy humana, y parece que podría haber buenas razones para tener temor.

Entonces, ¿por qué no temer?

El término "no temas" está escrito 365 veces en la Biblia. Dios, ¡es como si me estuvieras recordando cada día que viva sin temor! No tengo que ceder al temor, a pesar de lo que esté sucediendo a mi alrededor.

Declaro que ninguna plaga, terrorismo, lapso en la economía o locura puede amenazarme porque tú estás conmigo. Tú me fortaleces e incluso me levantas cuando siento que no puedo mantenerme en pie por mí misma.

El temor y la fe tienen algo en común: ambos me piden que crea en algo que no puedo ver. Por lo tanto, decido creer en ti. Creeré en ti más de lo que creo en las cosas que me asustan.

Tú no me creaste para tener temor. ¡No debería temer si tengo a mi lado al Dios de los ejércitos! Tú me diste tu Espíritu, tu poder y dominio propio; y cuando siento que no tengo fuerzas, que no puedo lograrlo, tú me das tu poder. ¡Eso sí que es una súper carga!

Suceden milagros cuando pongo más energía en los sueños que tú me has dado que en mis temores. Tú diseñaste a medida mi futuro. Si yo misma no alcanzo mis sueños y lo que tú tienes para mí, ¿quién lo hará?

La vida no es para temer; sino para cumplir las metas. Yo lo haré, aunque tenga que hacerlo con temor.

Palabra de Dios

"No temas, porque yo estoy contigo;
no desmayes, porque yo soy tu Dios que te esfuerzo;
siempre te ayudaré, siempre te sustentaré
con la diestra de mi justicia".
—Isaías 41:10 RVR-1960

"Aunque ande en valle de sombra de muerte,
No temeré mal alguno, porque tú estarás conmigo;
Tu vara y tu cayado me infundirán aliento".
—Salmos 23:4 RVR-1960

"Porque no nos ha dado Dios espíritu de cobardía,
sino de poder, de amor y de dominio propio".
—2 Timoteo 1:7 RVR-1960

"Por lo tanto, no desechen la firme confianza
que tienen en el Señor. ¡Tengan presente
la gran recompensa que les traerá!".
—Hebreos 10:35 NTV

MÁS QUE SUFICIENTE

Hola, Dios. Cuando miro el balance de mi chequera y después miro lo que necesito, a veces ambas cosas no concuerdan.

Este no es un problema nuevo. Ya lo has oído antes, y has resuelto el mismo problema un millón de veces. Dar pan, dinero y cosechas a tus hijos es fácil para ti.

Cuando Abraham iba ascendiendo por una ladera de un monte con su hijo como su único sacrificio disponible, iba confiado en que tú proveerías para él. Mientras subían por una ladera, tú tenías a un cordero de provisión subiendo por la otra. ¡Y los corderos nunca suben tan alto por los montes! Dios, tú provees incluso en circunstancias *imposibles*.

Tú no haces por una persona lo que no harías por otra. Por lo tanto, lo que hiciste por Abraham te pido que lo hagas por mí. Creo que tú, Dios, suplirás todas mis necesidades según tus riquezas.

Tú prometes que siempre tendré suficiencia en todas las cosas.

- fondos suficientes para mi casa
- dinero necesario para los estudios

- ahorros suficientes para vacaciones
- suficiencia en generosidad
- fondos suficientes para comenzar la empresa a la que tú me estás llamando
- fondos suficientes para aumentar
- dinero adecuado para alimentar no solo a mi propia familia sino también a otras familias

Pero tú no eres un Dios que solo es suficiente. ¡Tú eres un Dios que es más que suficiente!

Soy una persona que diezma y que da con generosidad, y tú haces promesas a las personas que hacen lo que yo hago. Cuando soy generosa contigo, se me devuelve mucho más de lo que di.

Tú prometes abrir las ventanas de los cielos y derramar bendiciones; bendiciones tan grandes que no las puedo contener. Tú hiciste eso para la viuda que tenía un cántaro de aceite, Dios. Le diste bendiciones hasta el extremo de no poder contenerlas.

Dios, ¡estoy haciendo espacio para contener más bendición!

Palabra de Dios

"Así que mi Dios les proveerá de todo lo que necesiten, conforme a las gloriosas riquezas que tiene en Cristo Jesús".
—Filipenses 4:19 NVI

"Y Dios proveerá [todo favor y bendición terrenal] con generosidad todo lo que necesiten. Entonces siempre [bajo toda circunstancia, sea cual sea la necesidad] tendrán todo lo necesario [siendo completamente autosuficientes en Él] y habrá bastante de sobra para compartir con otros".
—2 Corintios 9:8 NTV

"Traigan íntegro el diezmo para los fondos del templo, y así habrá alimento en mi casa. Pruébenme en esto —dice el Señor Todopoderoso—, y vean si no abro las compuertas del cielo y derramo sobre ustedes bendición hasta que sobreabunde".
—Malaquías 3:10 NVI

DUELE PERDONAR

Hola, Dios. He sido herida muy profundamente en mi vida. A veces pensamientos, rostros, aromas y lugares evocan un dolor que creí que se había alejado.

Intento olvidar lo que sucedió, pero entonces surge algo y me lo recuerda otra vez. Viejas palabras y sentimientos llegan a raudales, y me dejan sintiendo que parte de mí está quebrantada y otra parte es amarga. Quiero llorar y pelear, todo al mismo tiempo.

Con razón que tu dijistes que tenemos que perdonar a la misma persona no siete veces, sino setenta veces siete. ¡En ocasiones esa es la cantidad de veces que pienso en la misma herida!

Siento que si suelto mi dolor, ¡entonces quien me traicionó se sale con la suya! En cierto modo, me aferro a la ofensa para intentar hacer que paguen por ello. Después de todo, esas personas viven la vida como si todo estuviera bien, ¡y no lo está!

Pero yo soy la única persona que sufre y es infeliz, porque la falta de perdón no hiere a mi enemigo; me hiere solamente a mí. Es como beber veneno y esperar que sea otra persona quien muera.

Necesito tu ayuda, Dios, para perdonar, para liberar, para soltar. Esta es mi oportunidad de romper la cadena que me está atando a mi dolor de modo que pueda ir donde intento ir sin quedarme atascada en mi pasado.

El perdón es un acto de fe. Es confiar en que tú eres un mejor hacedor de justicia que yo. Padre, suelto mi deseo de vengarme, y dejo todos los problemas en tus manos capaces.

Sé que tú eres un Dios justo y misericordioso. Esa es una de las razones por las que te amo. Tan solo tengo que llegar a otro nivel de fe y confianza en ti para entregarte esto. Decido perdonar a todo aquel que me ha ofendido de alguna manera, y tengo paz en mi mente.

No voy a volver a beber veneno. No voy a volver a etiquetarme como víctima. He terminado de arrastrar este dolor por todas partes. Decido vivir en libertad.

En este momento, dejo libre al prisionero… ¡porque ese prisionero soy yo!

Palabra de Dios

"Entonces se le acercó Pedro y le dijo: Señor, ¿cuántas veces perdonaré a mi hermano que peque contra mí? ¿Hasta siete? Jesús le dijo: No te digo hasta siete, sino aun hasta setenta veces siete".
—Mateo 18:21-22 RVR-1960

"Pero a quien perdonéis algo, yo también lo perdono; porque en verdad, lo que yo he perdonado, si algo he perdonado, lo hice por vosotros en presencia de Cristo, para que Satanás no tome ventaja sobre nosotros, pues no ignoramos sus ardides".
—2 Corintios 2:10-11 LBLA

"Ni deis oportunidad al diablo [para que os guíe al pecado guardando rencor, o alimentando el enojo, o albergando resentimiento, o cultivando amargura]".
—Efesios 4:27 LBLA

NECESITO COMPAÑÍA

Hola, Dios. Estoy sola.

Siento como si me hubieran apartado. No me gusta estar mirando desde fuera, pero no estoy segura de poder encajar en ninguna parte. Me encantaría tener buenas amigas con quien hablar, amigas que no me juzguen.

Supongo que todo el mundo quiere que lo necesiten y necesita ser querido. Ese es tu plan para mi vida, Dios. Tú me creaste para las relaciones.

Desde el principio del tiempo, tu propósito era que yo tocara a otras personas, que las amara y hablara palabras de aliento en sus vidas de maneras que ninguna otra persona podrá hacer. Tú has destinado a personas que no solo *quieran* que yo esté en sus vidas, sino que también me *necesiten* en sus vidas.

Si siembro esto en las vidas de otros, cosecharé relaciones fuertes en mi vida.

Cuando vea a alguien que necesite un amigo, intentaré amar a esa persona como lo haría Jesús. Sembraré las semillas de atención, favor, amistad y aliento en su vida, ¡creyendo que tú sembrarás eso en mi vida en abundancia! Seré el tipo de amigo para otros que yo quiero tener en mi vida.

Hay alguien por ahí, en este momento, buscando a un amigo como yo. Sé que tú me estás dirigiendo hacia esa relación. Fomentaré amistades fuertes que me lleven hacia mi destino y no que me alejen de él.

Los buenos amigos son regalos preciosos del cielo. No daré por sentada la abundancia de personas piadosas y alentadoras que tú has enviado a mi vida.

Decreto y declaro que el favor de Dios están sobre mi vida. Cuando las personas me miren, les caeré bien. Las personas se sienten atraídas a mí porque la luz de Dios resplandece en mí y las atrae.

Te doy gracias de antemano por las muchas relaciones bendecidas que estás mandando en dirección a mí. Las honraré, pero no las pondré por delante de ti. Tú eres mi mejor amigo y mi confidente más íntimo. Guardo ese lugar en mi vida para ti.

Palabra de Dios

"Mejores son dos que uno; porque tienen
mejor paga de su trabajo. Porque si cayeren,
el uno levantará a su compañero; pero ¡ay del solo!
que cuando cayere, no habrá segundo que lo levante".
—Eclesiastés 4:9-10 RVR-1960

"Como el hierro se afila con hierro,
así un amigo se afila con su amigo".
—Proverbios 27:17 NTV

"Hay amigos que llevan a la ruina,
y hay amigos más fieles que un hermano".
— Proverbios 18:24 NVI

UN NOMBRE NUEVO

Hola, Dios. ¡Ayúdame a verme con tus ojos!

Pablo dijo: "Veo como por un espejo, oscuramente". A veces es así como me siento. En realidad no puedo ver las cosas tan claramente como tú las ves.

Tengo muchas ganas de agradarte, pero entonces meto la pata. Me enojo. Fastidio las cosas. Hago algo necio, y quiero patearme a mí misma. Tengo la sensación de que no doy pasos hacia delante, y después doy tres pasos atrás.

Pero no es eso lo que tú ves. Lo que tú ves y lo que yo veo son cosas diferentes. Tú miras mi corazón. Tú me conoces mucho mejor que yo misma. Tú ves lo mejor en mí.

Tú ves lo mejor en todas las personas.

- Cuando un hombre llamado Simón te negó, tú viste una roca y lo llamaste Pedro.
- En Saulo, un asesino en masa de cristianos, tú viste a Pablo, el escritor de dos terceras partes del Nuevo Testamento.
- En Jacob, un resbaladizo engañador, parecido a un vendedor de autos de segunda mano, tú

viste a un hombre al que llamaste "triunfante en Dios" y le pusiste el nombre de Israel.

Tú viste cosas muy grandes en esas personas que nadie más podía ver. Y entonces, ¡les diste a todos ellos un nombre nuevo!

Necesito adoptar tus nombres para mí. En tu Palabra me llamas vencedora, bienaventurada, escogida, santa... incluso *realeza* y *obra maestra*. Vaya. Eso es muy importante, en especial cuando no siempre me siento como una vencedora o como un tesoro muy preciado.

Tú me ves de esas maneras, y *tú me llamas con esos nombres*. Incluso si soy un poco tímida en cuanto a creer todo lo que tú me has llamado a ser, puedo aferrarme al hecho de que *tú* crees que puedo ser esas cosas. Sé que tu Palabra no regresa a ti sin lograr aquello para lo cual la enviaste.

Diré en voz alta en este momento: ¡Soy una vencedora! ¡Soy bienaventurada! ¡Soy victoriosa! ¡Soy santa y escogida! Soy realeza y una obra maestra creada por mi Padre que le encanta hacer grandes cosas. Ahora lo veo. Gracias, Dios.

Palabra de Dios

"Pero el Señor le dijo a Samuel:
—No te dejes impresionar por su apariencia ni por su estatura, pues yo lo he rechazado. La gente se fija en las apariencias, pero yo me fijo en el corazón".
—1 Samuel 16:7 NVI

"Mas vosotros sois linaje escogido, real sacerdocio, nación santa, pueblo adquirido por Dios, para que anunciéis las virtudes de aquel que os llamó de las tinieblas a su luz admirable".
—1 Pedro 2:9 RVR-1960

"Así será mi palabra que sale de mi boca; no volverá a mí vacía, sino que hará lo que yo quiero, y será prosperada en aquello para que la envié".
—Isaías 55:11 RVR-1960

QUIERO SER FELIZ

Hola, Dios. Hay veces en que estoy bien; estoy contenta; me siento feliz. Pero entonces llega algún tonto y me hace enojar sin ninguna razón; o me encuentro con alguien increíblemente grosero en el supermercado; o un compañero de trabajo tiene el ánimo torcido y me arruina el día.

Vaya. ¡Se esfumó la felicidad!

Tu Palabra dice: "consideren por sumo gozo". Yo no he estado considerándolo por sumo gozo; de hecho, algunas veces he considerado el día entero como una pérdida. Tuve felicidad por un minuto, pero permití que alguien me la robara.

Supongo que no es demasiado difícil robarme el gozo si lo único necesario es que haya alguien con mal ánimo. No debería permitir que las personas me derriben junto con ellas; en cambio, debería ayudarles a levantarse.

¡El enemigo es un ladrón! (Tú me advertiste de eso). Por lo tanto, cuando me sienta feliz él intentará arruinarme esa felicidad. Cuando me despierte en amor y en tu bendición, él intentará arrebatarme eso.

He estado permitiendo que el enemigo me arrebate mi camino "feliz" con demasiada facilidad. No solo he permitido entrar al enemigo, ¡he mantenido la puerta abierta de par en par! Es casi como si hubiera dicho: "Aquí tienen, gente malhumorada, ¡pueden arrebatarme mi felicidad!". No. Ya no más.

Estoy cerrando la puerta a los ladrones de gozo. Cierro con cerrojo a ese cachorro, y protejo mi felicidad y mi paz como si fueran algo precioso... ¡porque lo son!

El gozo no es lo que me sucede; ¡es lo que sucede *por medio de* mí!

Contaré por gozo cualquier cosa que suceda porque sé que el plan del enemigo estaba obrando, ¡y hoy él pierde! Bienaventurados los que aprenden a alabarte y a regocijarse a pesar de todo.

Palabra de Dios

"Hermanos míos, considérense muy dichosos cuando tengan que enfrentarse con diversas pruebas, pues ya saben que la prueba de su fe produce constancia".
—Santiago 1:2-3 NVI

"El ladrón no viene sino para hurtar y matar y destruir; yo he venido para que tengan vida, y para que la tengan en abundancia".
—Juan 10:10 RVR-1960

"¡Cuán bienaventurado es el pueblo que sabe lo que es la voz de júbilo!
Andan, Señor, a la luz de tu rostro.
En tu nombre se regocijan todo el día,
y por tu justicia son enaltecidos".
—Salmos 89:15-16 LBLA

"Bienaventurado aquel cuya ayuda es el Dios de Jacob, cuya esperanza está en el Señor su Dios".
—Salmos 146:5 LBLA

¿QUÉ HAY DE BUENO EN MÍ?

Hola, Dios. Cuando miro a este mundo inmenso, me encuentro preguntándome si mi pequeña vida marca alguna diferencia en algo. No me siento importante en el contexto grande de la vida. No sé que realmente sobresalga en alguna área especifica.

Estoy viva y me muevo, pero no soy buena en nada en particular. Entonces, ¿hay más para mí? Estoy segura de que al enemigo le encantaría que me quedara atascada aquí, desalentada y dudando de mí misma; pero no permitiré que eso suceda. Tengo que poner en ti mi mente, mis pensamientos y mi enfoque.

Tú realmente me conocías antes de que ni siquiera naciera. Tú pensaste en mí. Tú tomaste tiempo para crearme de una manera exacta y muy bien pensada. Tú me diste intencionadamente ciertos rasgos de personalidad. Tú me formaste para florecer y sentirme más viva haciendo cosas especificas. Por naturaleza, tú me hiciste buena en ciertas cosas que yo puede que ni haya notado porque me resultan muy fáciles.

Esos rasgos no son triviales; tienen propósito.

Tú me creaste para florecer al usar los dones y talentos que pusiste en mi interior, características que puede que aún yo no haya valorado. Las capacidades que tú me diste son irrevocables, y nadie me las puede arrebatar. La única persona que puede obstaculizarlas soy yo misma al no aprovecharlas y utilizarlas. Puede que haya hecho eso antes, ¡pero ya no lo haré más!

Hoy, tomo tiempo para pensar en las cosas que hago bien de modo natural. Y Dios, voy a pensar en cómo utilizar esas cosas para ti. Dios, abre puertas de oportunidad y revélame mi propósito más profundo.

Prometo que te escucharé y me apoyaré en ti. Sintonizaré con tu voz, y viviré y cumpliré el propósito para el que tú me diseñaste. ¡Tu futuro para mí es grande!

Gracias por hacerme especial.

Palabra de Dios

"Antes de formarte en el vientre ya te había elegido;
antes de que nacieras, ya te había apartado;
te había nombrado profeta para las naciones".
—Jeremías 1:5 NVI

"Tú creaste mis entrañas;
me formaste en el vientre de mi madre.
¡Te alabo porque soy una creación admirable!
¡Tus obras son maravillosas,
y esto lo sé muy bien!".
—Salmos 139:13-14 NVI

"Porque irrevocables son los dones y el llamamiento
de Dios [pues Él no retira lo que ha dado, ni cambia
de opinión sobre a quién le da su gracia o
a quién envía su llamamiento]".
—Romanos 11:29 RVR-1960

¡SÁNAME!

Hola, Dios. Necesito sanidad en mi cuerpo. Tú dices en la Biblia que eres el Señor que sana.

Creo que tú eres un sanador, pero a veces no estoy segura de estar calificada. Siento que no merezco ser sanada porque no soy lo bastante buena.

Pero la sanidad no es algo que yo pueda ganarme; es un regalo que tú das. Es gratuito. Es tu misericordia y gracia, no mis obras o mi justicia, y se recibe por la fe igual que la salvación. Creo que tú me salvaste, de modo que también puedo creer que tú me sanarás. No se trata de si yo soy digna; se trata de mi fe en ti y en tu bondad.

Me sanas porque *tú* eres bueno, no porque *yo* sea buena. En los Evangelios, una persona tras otra pidió a Jesús que le sanara, y cada vez Él dijo: "Estoy dispuesto". Tu Palabra dice que tú sanarás a *todos*. ¡Y yo soy parte de ese todos!

Confesaré lo que dice tu Palabra con respecto a mi cuerpo y la sanidad; no lo que le sucedió a una amiga, no lo que dice Google, o ni siquiera lo que dice un médico con buena intención. Confesaré lo que *tú* dices.

Por lo tanto, según tu Palabra y tu instrucción, confieso con valentía, con confianza, con fe en ti en este momento:

- La enfermedad y el dolor no tienen lugar en mi cuerpo.
- Toda enfermedad y virus que toque mi cuerpo muere instantáneamente.
- Todo órgano, toda célula, todo tejido, toda articulación, y todo sistema en mi cuerpo funciona a la perfección, ¡en el nombre de Jesús!
- Por sus llagas soy sanada, desde la cabeza hasta las plantas de mis pies.
- Jesús murió por mi enfermedad, de modo que no tengo que vivir con ella.

¡Gracias por sanarme, Padre!

Palabra de Dios

"Y cuando llegó la noche, trajeron a él muchos endemoniados; y con la palabra echó fuera a los demonios, y sanó a todos los enfermos; para que se cumpliese lo dicho por el profeta Isaías, cuando dijo: El mismo tomó nuestras enfermedades, y llevó nuestras dolencias".
—Mateo 8:16-17 RVR-1960

"Ciertamente él cargó con nuestras enfermedades y soportó nuestros dolores, pero nosotros lo consideramos herido, golpeado por Dios, y humillado. Él fue traspasado por nuestras rebeliones, y molido por nuestras iniquidades; sobre él recayó el castigo, precio de nuestra paz, y gracias a sus heridas fuimos sanados".
—Isaías 53:4-5 NVI

"Dios ungió con el Espíritu Santo y con poder a Jesús de Nazaret, y cómo éste anduvo haciendo bienes y sanando a todos los oprimidos por el diablo, porque Dios estaba con él".
—Hechos 10:38 RVR-1960

CUANDO LA GENTE ME HIERE

Hola, Dios. Duele mucho derramar mi amor y energía en alguien y después no recibir nada a cambio. Realmente pensaba que estábamos unidos. Aún le sigo amando, pero es obvio que el amor solo se mueve en una dirección.

Me siento tentada a dejar de estar disponible para nuevas relaciones, pues me temo que no vale la pena. Tengo ganas de levantar un gran muro alrededor de mi corazón para mantener fuera a las personas.

Parte de mí quiere hablar de las personas que me hicieron daño y contar a otros lo mal que me han tratado. Su amor por mí falló, así que ¿por qué no puedo hablar de lo mucho que me hirieron? Pero no es eso lo que tú harías. Tu amor *nunca* falla.

Quiero decir: "ojo por ojo"; pero tú dices que ponga la otra mejilla. Quieres que siembre perdón en otros para que así tú y ellos puedan perdonarme a mí. ¡Uf! Entonces, ¿ahora qué?

Ahora, doy perdón a las personas que no quiero perdonar, y tú me perdonas. Ahora, camino en amor hacia quienes no actúan amorosamente conmigo, y tú me muestras amor incondicional. Ahora, mantengo mi boca cerrada con respecto a lo que otros me han hecho, y tú cierras la boca de mis enemigos.

¡Tú realmente sabes cómo motivar a alguien!

Me comportaré como mi Padre. Seguiré tu ejemplo. Cuando muestro gracia a personas que me han herido, tú me bendices en el área en que más lo necesito. Y en este momento, necesito gracia en el área de las relaciones fuertes.

Gracias, Dios, por sanar mi corazón y suplir todas mis necesidades, incluidas mis relaciones. Gracias por darme fuerzas para sobreponerme a mis sentimientos heridos. Gracias, Dios, por cuidar tan bien de mí.

Creo que tienes a personas que me están buscando, en este momento, para tener amistades preciosas y relaciones duraderas, para compartir diversión, amor, buenos tiempos y risas.

Creo que hay personas maravillosas que están orando en este momento, ¡para conocer a alguien como yo!

Palabra de Dios

"Pero yo os digo: No resistáis al que es malo;
antes, a cualquiera que te hiera en la mejilla derecha,
vuélvele también la otra".
—Mateo 5:39 RVR-1960

"Y cuando estén orando, si tienen algo contra alguien,
perdónenlo, para que también su Padre que está en el
cielo les perdone a ustedes sus pecados".
—Marcos 11:25 NVI

"Soportándoos unos a otros, y perdonándoos
unos a otros si alguno tuviere queja contra otro.
De la manera que Cristo os perdonó,
así también hacedlo vosotros".
—Colosenses 3:13 RVR-1960

LO QUE HAGO IMPORTA

Hola, Dios. A veces trabajo, y trabajo, y me pregunto si algo de lo que hago acaso importa. El mundo se mueve muy rápido, y es muy grande; y yo quiero marcar una diferencia, de veras. Pero algunos días parece que estoy haciendo el bien tan solo para recordar dónde estoy y dónde se supone que debo ir.

Algunas veces llegan a mí pensamientos negativos con tanta rapidez que es como si me golpearan en la cabeza. Me hace preguntarme incluso por qué estoy aquí.

Oigo a otras personas hablar sobre cumplir su propósito o ser llamadas a terminar una tarea. No estoy segura de cuál es mi propósito porque, en el contexto grande de la vida no estoy segura de cuánto importo "yo" en realidad.

Por eso tus palabras significan mucho. Gracias por escribirlas para que pueda recordar que tú me creaste con propósito. ¡Tenía mucha necesidad de escuchar eso de ti!

Puede que no entienda totalmente por qué tú me quisiste o me necesitabas, pero antes de que naciera, tú ya tenías un plan para mí. Tú sabías en quién me convertiría. Tú, Dios, Rey de reyes y Señor de señores, ¡tomaste tiempo para crearme *a mí*! ¡Y tú solamente haces cosas que importan!

Empleaste tu valioso tiempo pensando exactamente cómo me construirías: mi modo de ser, en este lugar, en esta ciudad, en este empleo, con mi personalidad exacta, y dotada a mi propia manera singular. (Yo digo singular; tú dices *obra maestra*).

Tú me planeaste para este momento en el tiempo. Tienes en mente algo extraordinario. Nada de lo que tú haces es al azar; hay una razón concreta para que yo esté aquí, un destino divino. Ante tus ojos, ¡yo soy especial!

Tú conoces el fin desde el principio. Todo lo que haces tiene propósito, de modo que eso significa que fui creada con propósito. Fui planeada. Hecha con propósito. Necesitada. Importante. Tú me quisiste, y eso nunca ha cambiado.

Dios, eso significa que yo realmente importo. Tu propósito vive en mi interior. ¡Muéstrame tu plan perfecto!

Palabra de Dios

"Antes que yo te formara en el seno materno, te conocí [y te aprobé como mi instrumento escogido], y antes que nacieras, te consagré [para mí como propio], te puse por profeta a las naciones".
—Jeremías 1:5 LBLA

"Según nos escogió en él antes de la fundación del mundo, para que fuésemos santos y sin mancha delante de él".
—Efesios 1:4 RVR-1960

"Pero ustedes son linaje escogido, real sacerdocio, nación santa, pueblo que pertenece a Dios, para que proclamen las obras maravillosas de aquel que los llamó de las tinieblas a su luz admirable".
—1 Pedro 2:9 NVI

NO ME SIENTO AMADA

Hola, Dios. A veces me siento muy lejos de todo el mundo, incluido tú. No culpo a las personas si es que no quieren estar cerca de mí. Simplemente siento que no estoy cumpliendo con mi parte.

Me enojo, pierdo los nervios, y después parloteo por mi gran boca. A veces miento (solo un poco), pensando que no hace daño a nadie. Pero cuando pienso en ello después, no puedo retirarlo. El daño está hecho, y oigo en mi cabeza: *Fracaso*.

Entonces pienso: ¿Cómo *podría cualquiera amar a alguien como yo?*

Incluso contigo. Intento hacer lo que creo que te hará feliz, pero entonces estoy muy ocupada. Dejo de leer mi devocional en la mañana. Me interrumpen cuando me propongo orar. Y entonces, tú pareces estar muy lejos, y yo voy por ahí sintiéndome mal, como si de algún modo te hubiera decepcionado también *a ti*.

El enemigo se agarra a eso, repitiendo una y otra vez en mi cabeza lo que yo *no soy*.

Pero en este momento, intencionalmente dejo de escuchar al enemigo, al yo interior, o incluso a esa parte de mí que intenta levantar un muro entre tú y yo. Estoy escuchando tu voz. Por mucho que sea tentada a estar distraída, por mucho que crea que he fallado, y por mucho que sienta que no estoy a la altura, sé que tengo una promesa de parte de ti.

Tú eres más que consciente de mis errores, mis fallos, y de toda mi basura; y me amas a pesar de todo. No importa cómo me sienta, nada podrá separarme jamás de tu amor. Tu. Amor. Nunca. Falla. *Punto*. No hay discusión.

Gracias, Dios, por no tirar la toalla conmigo. ¡Sé que soy amada por ti!

Palabra de Dios

"Por lo cual estoy seguro [y sigo convencido, sin lugar a dudas] de que ni la muerte, ni la vida, ni ángeles, ni principados, ni potestades, ni lo presente, ni lo por venir, ni lo alto, ni lo profundo, ni ninguna otra cosa creada nos podrá separar del amor [ilimitado] de Dios, que es en Cristo Jesús Señor nuestro".
—Romanos 8:38-39 RVR-1960

"Den gracias al Señor, porque él es bueno; su gran amor perdura para siempre".
—Salmos 136:1 NVI

"El amor nunca deja de ser; pero si hay dones de profecía, se acabarán; si hay lenguas, cesarán; si hay conocimiento, se acabará".
—1 Corintios 13:8 LBLA

NO RETENDRÉ NADA

Hola, Dios. Algunas veces cuando comienzo a pedirte cosas, me acobardo.

Tengo la sensación de que podría estar molestándote con cosas triviales. Después de todo, probablemente tengas cosas más importantes que hacer. Podrías mirar mis peticiones y pensar que eran, bueno, un poco tontas.

Siento que debería ser merecedora de lo que te pido, así que no pido porque sé lo que he hecho y lo que siento que me merezco.

Supongo me parece que algunas cosas que pido son egoístas; pero tu Palabra me dice una y otra vez que te pida cosas. Tú eres mi Padre bueno, y te encanta cuando acudo a ti en fe con mis peticiones.

Sé que he estado reteniendo cosas, pero no volveré a hacerlo. Hoy no. Hoy voy a tener una fe audaz, ¡una fe valiente! Una fe que dice: creo que Dios es más grande de lo que puedo imaginar.

No voy a esperar. Voy a acercarme con confianza al trono de la gracia y *pedir* cosas que quiero o que necesito. Voy a tratarte como el "Dios que hace todas las cosas mucho más abundantemente de lo que puedo pedir o imaginar" que tú dices que eres.

- En lugar de orar solamente para pasar el examen, ¡pediré una buena nota!
- En lugar de orar por una entrada al evento, ¡pediré asientos en primera fila!
- En lugar de orar por un ascenso, pediré dirigir la empresa.
- En lugar de orar por dinero para la renta, pediré tener una casa propia.

Hoy, no voy a permitir que el enemigo me impida agradarte, y mostraré mi fe y mi esperanza en ti.

Tomo lo que dice tu Palabra, y te pido cualquier cosa que quiero y necesito. Creo en ti lo suficiente como para pedirte cosas grandes. Ya no volveré a ser nerviosa o tímida.

En este momento, Dios, te pido….

Palabra de Dios

"No se preocupen por nada; en cambio,
oren por todo. Díganle a Dios lo que necesitan
y denle gracias por todo lo que él ha hecho".
—Filipenses 4:6 NTV

"Así que acerquémonos con toda confianza
al trono de la gracia de nuestro Dios. Allí recibiremos
su misericordia y encontraremos la gracia
que nos ayudará cuando más la necesitemos".
—Hebreos 4:16 NTV

"Y a Aquel que es poderoso para hacer todas las cosas
mucho más abundantemente de lo que pedimos o
entendemos, según el poder que actúa en nosotros, a
él sea gloria en la iglesia en Cristo Jesús por todas las
edades, por los siglos de los siglos. Amén".
—Efesios 3:20-21 RVR-1960

ESTOY MUY ALTERADA

Hola, Dios. Me encantaría decirte que estoy calmada, tranquila y relajada cuando recibo malas noticias, pero sinceramente, en cambio parezco estresarme y perder la calma.

Podrías pensar que la estupidez que intenta volverme loca sería algo que yo no permitiría que me venciera, pero así es.

Llego a estar muy alterada intentando manejar las cosas yo sola porque siento que soy responsable. Creo que es mi tarea hacer que las cosas sucedan y resolver los problemas del mundo; o al menos resolver los problemas de *mi* propio mundo.

Tengo que admitirlo: en esos momentos de frustración, parece que me quejo del problema, me desahogo sobre lo que sucedió, y me quejo de por qué estoy atascada en medio; pero en lugar de todo ese dramatismo innecesario, antes debería acudir a ti directamente.

Tú eres mi Padre celestial, quien tiene todas las respuestas. Tú eres el creador de mi alma. Tú eres mi roca, mi fortaleza y mi refugio. Tú puedes manejarlo todo y hacer que yo luzca bien en el proceso.

Lo que realmente necesito es mucho *menos* de mí y mucho *más* de ti. Tú eres el verdadero centro del universo, ¡no yo! Tú podrías resolver todos los problemas del mundo en un instante sin inmutarte. Tú eres la respuesta. Cuando te pido dirección, tú no retienes nada, y me la das con generosidad.

Sabiduría es lo que necesito plenamente en esos momentos. Cuando te pido lo que tú ya sabes, nunca me dejas en la oscuridad.

Padre, confieso que no te he estado pidiendo tu sabiduría. Es un gran alivio confiar en ti y saber que me tienes en la palma de tu mano. No necesito estar tan inquieta. ¡Ya no tengo que angustiarme por bobadas!

Palabra de Dios

"Tus oídos lo escucharán.
Detrás de ti, una voz dirá:
«Este es el camino por el que debes ir»,
ya sea a la derecha o a la izquierda".
—Isaías 30:21, NTV

"Si a alguno de ustedes le falta sabiduría, pídasela
a Dios, y él se la dará, pues Dios da a todos
generosamente sin menospreciar a nadie".
—Santiago 1:5 NVI

"Pongan todas sus preocupaciones y ansiedades
en las manos de Dios, porque él cuida de ustedes".
—1 Pedro 5:7, NTV

CUANDO TENGO QUE DECIR NO

Hola, Dios. Tengo demasiados compromisos, estoy muy ocupada, y totalmente estresada.

Sé que es culpa mía. No dejo de decir sí a las personas, incluso cuando en realidad no quiero hacer lo que me piden que haga. A veces pienso que cedo tan solo porque tengo temor a las repercusiones de decir no a la gente. ¿Y si ya no les caigo bien? ¿Y si no me incluyen en el futuro?

Tengo que comenzar a ver el valor de lo que un sencillo no hace por mí: para mi paz, para mi relación contigo, y para el futuro que tú quieres para mí. *No* puede ser una palabra estupenda. Puede evitar que malgaste mi tiempo y energía.

Fui creada para agradarte a ti, y no a las personas. No puedo estar preocupada por lo que todos los demás quieren que yo sea y aun así llegar a ser aquello para lo que *tú*, mi Padre Dios, me creaste. Has estado esperando a que te busque a ti para saber cuál es mi siguiente paso.

Cuando me cueste decir no a las personas, de ahora en adelante lo pensaré así: es mi oportunidad para decir sí a algo mejor. Es mi oportunidad para decirte sí a ti y a lo que tú tienes para mí.

Cuando digo no a oportunidades que no son lo mejor para mí, me he situado correctamente, con tiempo, dinero y energía, para decir sí a las bendiciones, situaciones, y cosas buenas que tienes esperando para mí.

¡Digo sí a ti y a tus bendiciones, Dios!

Palabra de Dios

"Pues hablamos como mensajeros aprobados por Dios, a quienes se les confió la Buena Noticia. Nuestro propósito es agradar a Dios, no a las personas. Solamente él examina las intenciones de nuestro corazón".
—1 Tesalonicenses 2:4 NTV

"Pero, tan cierto como que Dios es fiel, el mensaje que les hemos dirigido no es «sí» y «no». Porque el Hijo de Dios, Jesucristo, a quien Silvano, Timoteo y yo predicamos entre ustedes, no fue «sí» y «no»; en él siempre ha sido «sí». Todas las promesas que ha hecho Dios son «sí» en Cristo. Así que por medio de Cristo respondemos «amén» para la gloria de Dios".
—2 Corintios 1:18-20 NVI

"No os conforméis a este siglo, sino transformaos por medio de la renovación de vuestro entendimiento, para que comprobéis cuál sea la buena voluntad de Dios, agradable y perfecta".
—Romanos 12:2 RVR-1960

¿QUÉ ESTOY MIRANDO?

Hola, Dios. Podría parecer que estoy tirada en la lona, pero las apariencias pueden ser engañosas. Por eso me dices que no mire lo que sucede a mi alrededor. ¡Me dices que te mire *a ti*!

El enemigo hace todo lo posible por distraerme y traer a mi memoria mis fracasos, problemas y estrés. El tonto diablo hace eso con todo el mundo.

- Sin embargo, no puedo mirar al tamaño del gigante que viene hacia mí. A David no le importó, y él tenía a todo un ejército dependiendo de él.
- No puedo mirar al tamaño de la montaña que tú me estás pidiendo que suba. El tamaño no detuvo a Josué con ochenta años de edad.
- No miraré al número de personas que intentan hacer que tropiece. Los números no detuvieron a Moisés en el Mar Rojo con un millón de personas que salvar.

No puedo mirar al problema, el informe médico, el reporte económico, o a quienes no les gusto en el trabajo o en Facebook. Tú me dices que no confíe en lo que puedo ver porque el "aspecto" de la situación me engañará.

En cambio, cuando tenga temor, mi tarea es mirarte a ti. Aquel en quien pongo mi esperanza y confianza, sin importar cómo se vean mis circunstancias, eres tú. Tú eres mi Dios. Tú eres mi Salvador. Tú me salvas. Eso es lo que tú haces.

Contigo a mi lado, ¿qué puede hacerme el hombre?

No importa quien venga en mi contra. Contigo a mi lado, mis enemigos no pueden aguantar. Caerán como el gigante de David, se desplomarán como la montaña de Josué, y serán tragados como el ejército que perseguía a Moisés.

Cuando la situación se vea mal y esté rodeada, abrumada, y *en presencia* de mis enemigos, en realidad estoy en medio de una oportunidad maravillosa para que tú intervengas.

Puede que yo no haya empezado esta pelea, pero sé que tú, Dios, vas a terminarla. ¡Boom!

Palabra de Dios

"Mi Dios, mi roca en quien me refugio;
mi escudo y el cuerno de mi salvación, mi altura
inexpugnable y mi refugio;
salvador mío, tú me salvas de la violencia".
—2 Samuel 22:3 LBLA

"Cuando siento miedo,
pongo en ti mi confianza.
Confío en Dios y alabo su palabra;
confío en Dios y no siento miedo.
¿Qué puede hacerme un simple mortal?".
—Salmos 56:3-4 NVI

"Entonces, ¿qué diremos a esto? Si Dios
está por nosotros, ¿quién estará contra
nosotros? [¿Quién puede ser nuestro
enemigo si Dios está de nuestro lado?]".
—Romanos 8:31, LBLA

UNA PERLA DE GRAN PRECIO

Hola, Dios. Quiero vivir la vida que tú tienes para mí, pero a veces parece que está fuera de mi alcance.

Cuando miro las cosas necias que hago una y otra vez, me pregunto cómo sería posible ganarme tu afecto; pero no se trata de mí, ¿verdad? ¡Se trata de ti!

Me encanta que me hayas escogido, que pienses cosas buenas de mí, y que tengas un plan y un propósito para mi vida. Incluso estás orando en el cielo por mí, ¡eso es estupendo! Jesús contó una historia sobre un mercader que encontró una "perla de gran precio". El mercader reunió todas sus cosas, lo vendió todo, y *lo entregó todo* para comprar esa única cosa.

Jesús lo entregó todo por mí; entregó su vida por mí porque pensaba que yo lo valía. Él pensó que yo era un tesoro, que yo era algo muy preciado para Él.

Me abruma que tú me ames tanto. Mi mente ni siquiera puede entenderlo. Tu amor es difícil de entender porque no es natural, es un amor espiritual y sobrenatural. Tu amor no se trata de ganar y merecer; se trata de creer en ti y recibir de ti.

Yo no me escogí a mí misma; tú me escogiste. Cuando tengo problemas para creer en mí misma, al menos sé que siempre puedo creer en ti. Si tú me amas, me creaste, y enviaste a Jesús a *morir* por mí, entonces puedo aferrarme a eso. ¡Puedo creer que tú ves algo precioso en mí!

Palabra de Dios

"También el reino de los cielos es semejante
a un mercader que busca buenas perlas,
que habiendo hallado una perla preciosa, fue
y vendió todo lo que tenía, y la compró".
—Mateo 13:46 RVR-1960

"Porque de tal manera amó Dios al mundo, que ha
dado a su Hijo unigénito, para que todo aquel que en
él cree, no se pierda, mas tenga vida eterna".
—Juan 3:16 RVR-1960

"No me escogieron ustedes a mí, sino que yo los
escogí a ustedes y los comisioné para que vayan
y den fruto, un fruto que perdure. Así el Padre
les dará todo lo que le pidan en mi nombre".
—Juan 15:16 NVI

¿A QUIÉN TENGO QUE AMAR?

Hola, Dios. No puedo creer que quieras que ame a mis enemigos. Quiero gritar: "¡Pero no sabes lo que me hicieron!". Pero desde luego que lo sabes. Eso es difícil de tragar algunas veces. Tú amas a las personas que me ofendieron. Dios, me refiero a que fue una *gran ofensa*. Y creo que tenían *intención* de hacerme daño.

¿Cómo evito decirle a todo el mundo cuán horribles son ellos? ¿Cómo mantengo la boca cerrada y los amo? ¡Es muy difícil para mí!

Tengo que recordar que tú no eres un Dios que nos da lo que nos merecemos. Tuviste que quedarte sentado y observar a la gente golpear, torturar, escupir y crucificar a tu único Hijo del modo más cruel. Y entonces, los perdonaste a todos y los amaste.

Vaya, Dios. Me queda mucho camino por recorrer.

Necesito tu ayuda en esto. Padre, ayúdame a perdonar. No voy a ser capaz de hacerlo por mí misma, pero todo es posible para ti, incluso esto. Si alguien puede cambiar mi corazón, eres tú. Tú me ayudas a hacer cosas que yo misma nunca podría haber *soñado*.

Puedo comenzar tratando a los demás como quiero que me traten a mí. Sin ninguna duda, he hecho cosas que lamento en mi vida. Quiero perdón y amor, y lo mismo quieren todas las personas. Dios, ayúdame a amar a las personas del modo en que quiero que me amen a mí.

Padre, te pido hoy que me ayudes a perdonar a las personas que me han herido y a amarlas, sin importar lo que hayan hecho. Pongo lo imposible en tus manos sabiendo que tú lo haces posible. Ayúdame también a recordar que te agrada cuando dependo de ti para que cambies mi corazón.

Gracias, Dios, por amarme en medio de esto, ¡y darme la fuerza para ser más como tú!

Palabra de Dios

"Pero yo os digo: Amad a vuestros enemigos,
bendecid a los que os maldicen, haced bien
a los que os aborrecen, y orad por los que
os ultrajan y os persiguen".
—Mateo 5:44 RVR-1960

"No nos trata conforme a nuestros pecados
ni nos paga según nuestras maldades".
—Salmos 103:10 NVI

"Y Jesús decía: Padre, perdónalos, porque
no saben lo que hacen. Y echaron suertes,
repartiéndose entre sí sus vestidos".
—Lucas 23:34 LBLA

"Así que, todas las cosas que queráis que los hombres
hagan con vosotros, así también haced vosotros con
ellos; porque esto es la ley y los profetas".
—Mateo 7:12 RVR-1960

¿QUÉ DEBERÍA HACER?

Hola, Dios. Muchas veces persigo cosas sin antes consultarte a ti.

Tomo decisiones, a veces muy importantes, y "me olvido" de orar. Me olvido de preguntarte. En realidad, algunas veces ni siquiera *se me ocurre* detenerme y preguntarte porque pienso que *lo tengo todo controlado*.

Y *así* es... hasta que se tuerce y entonces comienzo a preguntarme: ¿Cómo sucedió esto?

No sé por qué no llega con más rapidez a mi mente, veloz como un rayo, ¡que la razón por la que me veo atrapada en un lugar tan malo es que olvidé consultarlo contigo! Tan solo me apoyo en lo que sé, y *paso a la acción*.

Ese no es el sistema que tú estableciste. Tú dijiste que debería reconocerte en todo lo que hago, detener mis planes y orar con respecto a todo, incluso las cosas pequeñas. Pero a veces no hago eso. ¡Vaya!

No estoy segura de por qué creo que yo soy más inteligente. Desde tu punto de vista eterno, tú sabes cómo terminan todas las cosas. ¿Por qué *no iba* yo a preguntarte?

Por lo tanto, en este momento, Padre, te pido perdón por aventurarme a ir adelante sin tu bendición. Perdóname por meterme yo misma en situaciones difíciles en las que tú nunca quisiste que estuviera. Confiaré en tu promesa de guiarme, enseñarme y dirigirme por donde debo ir. Por favor, Dios, muéstrame lo que es correcto y revélame lo que es mejor.

¿Qué debería hacer? ¿Cómo debería responder? ¿Debería hacer una pausa, o debería acelerar? ¡Me emociona mucho ver lo que tú tienes reservado para mí!

Palabra de Dios

"Confía en el Señor con todo tu corazón; no dependas
de tu propio entendimiento. Busca su voluntad
en todo lo que hagas, y él te mostrará
cuál camino tomar [quitando obstáculos que
bloquean tu camino]".
—Proverbios 3:5-6 NTV

"Pido también que les sean iluminados los ojos
del corazón para que sepan a qué esperanza
él los ha llamado, cuál es la riqueza de su
gloriosa herencia entre los santos".
—Efesios 1:18 NVI

"Yo te instruiré,
yo te mostraré el camino que debes seguir;
yo te daré consejos y velaré por ti".
—Salmos 32:8 NVI

ME SIENTO MALHUMORADA

Hola, Dios. Cuando estoy de mal humor, lo último que quiero oír es que en cierto modo es culpa mía o que yo tengo algún tipo de control sobre lo que siento. Me refiero a que normalmente me siento malhumorada porque alguien me ofendió. Alguien me hizo algo, ¡y no es culpa mía!

Entonces me enfrento cara a cara con la realidad de que lo que me sucedió puede que no estuviera en mis manos, pero el modo en que reacciono está bajo mi control. *Ay...*

No puedo permitir que las malas noticias arruinen o no mi día. Es mi decisión.

Dios, ayúdame a entender que me siento como me siento porque pienso como pienso. Mis pensamientos controlan mis sentimientos, eso es un hecho. Puedo tomar la decisión en este momento de si voy a estar contenta o no.

Tú dices que atrape cada uno de los pensamientos negativos mientras rondan por mi cabeza y haga que se inclinen ante tu poder. Por lo tanto, ¿en qué pienso para cambiar cómo me siento? Tú dices que debería pensar en todo lo bueno: en todo lo agradable o lo que es digno de gratitud.

¿Por que cosas puedo estar agradecida?

Podría tomarme un minuto mirar más allá de las obvias irritaciones que me hacen rechinar los dientes; *pero* tengo dientes que rechinar. Y tengo comida que comer con esos dientes. Y tengo dinero para comprar esa comida. Esas son cosas por las que puedo estar agradecida. Son cosas que pueden cambiar mi estado de ánimo.

Gracias, Dios, por las partes de mi cuerpo en las que ni siquiera pienso porque funcionan bien. ¡No *tengo* que pensar en ellas! Gracias porque tengo acceso a la comida y un lugar seguro donde dormir. Gracias por mi trabajo y por la provisión que tú me das para poder comprar las cosas necesarias.

Estoy viva y puedo vivir hoy. Soy hija del Dios Altísimo, y eso tiene sus beneficios. Padre, perdóname. No puedo sentirme malhumorada cuando me recuerdo a mí misma a quién pertenezco, quién soy en ti, y lo mucho que tú me amas.

Palabra de Dios

"Pues como piensa dentro de sí, así es".
—Proverbios 23:7 LBLA

"Derribando argumentos y toda altivez
que se levanta contra el conocimiento de Dios,
y llevando cautivo todo pensamiento
a la obediencia a Cristo".
—2 Corintios 10:5 RVR-1960

"Por último, hermanos, consideren bien todo lo verdadero, todo lo respetable, todo lo justo, todo lo puro, todo lo amable, todo lo digno de admiración, en fin, todo lo que sea excelente o merezca elogio".
—Filipenses 4:8 NVI

MERCANCÍA DAÑADA

Hola, Dios. Quebrantada. Dañada. Inútil. ¡Indigna! ¿Por qué llegan a mi mente todas esas palabras en diferentes momentos?

Algunos días parece que oigo cada una de esas terribles palabras; pero no las oigo necesariamente de la boca de otra persona. Las oigo en el interior de mi propia cabeza.

Cuando quiero soñar más grande de donde estoy hoy, parece que un pequeño diablo está sentado sobre mi hombro diciéndome exactamente por qué no puedo hacerlo. Saca a relucir mis errores del pasado y cosas que sucedieron mucho tiempo atrás. En cierto modo intenta hacer que esas cosas duelan como si hubieran sucedido hoy mismo.

Ya no quiero seguir escuchándolo. Sencillamente no puedo hacerlo.

El enemigo podría tener razón técnicamente al decir que tengo un pasado quebrantado, una historia dañada, y cierto bagaje. Pero el enemigo no tiene razón con respecto a mi futuro.

Tú, Dios, solo tú, haces cosas hermosas con personas quebrantadas. De un pasado fracturado, tú sacas un futuro glorioso. Tú tienes el modo más excelente de escoger a quienes el mundo llama "rechazados" y convertirlos en *héroes*.

Asesinos, engañadores, ladrones, adúlteros, extranjeros… estos son los marginados que tú escogiste levantar en la Biblia. Moisés, David y Pablo eran asesinos. Organizar un asesinato no fue el único problema de David; también se acostó con la esposa de otro hombre. Pablo era un farisaico y asesino de cristianos. Noé era un borracho. Jacob era un engañador. Elías tenía pensamientos suicidas.

Personas imperfectas. Pasados quebrantados. Historia dañada.

Ya que no he asesinado nunca a nadie, ¡esos hombres en realidad hacen que luzca bastante bien! Eso debe significar que tengo una oportunidad. Bueno, ¿qué sabes tú? Esa molesta voz sobre mi hombro, ¡cállate!

Yo no hice comenzar mi vida; tú lo hiciste. No estoy sola en esto. Tú estás conmigo, y tú has ido delante de mí para ayudarme a terminar, y a terminar fuerte. Yo no soy mercancía dañada. ¡Soy una victoria a punto de producirse!

Palabra de Dios

"A todos los que se lamentan en Israel les dará
una corona de belleza en lugar de cenizas,
una gozosa bendición en lugar de luto,
una festiva alabanza en lugar de desesperación.
Ellos, en su justicia, serán como grandes robles
que el Señor ha plantado para su propia gloria".
—Isaías 61:3 NTV

"Y el que estaba sentado en el trono dijo: He aquí,
yo hago nuevas todas las cosas. Y me dijo: Escribe;
porque estas palabras son fieles y verdaderas".
—Apocalipsis 21:5 RVR-1960

"Porque somos hechura suya, creados en Cristo Jesús
[nacidos de nuevo] para hacer buenas obras, las cuales
Dios preparó de antemano [predestinó] para que
anduviéramos en ellas [viviendo la buena vida que Él
preparó para que viviéramos]".
— Efesios 2:10 LBLA

¿OBSTÁCULOS U OPORTUNIDADES?

Hola, Dios. Parece que hay muchas trabas en mi vida: problemas, dificultades, baches... de todo. Padre, quiero que la vida sea tranquila y fácil. No quiero obstáculos en cada esquina.

No parece que tú pondrías esas piedras de tropiezo a propósito delante de mí. Tú no eres el Dios de los obstáculos. Tú eres el Dios de la oportunidad, el Dios de la posibilidad. Para ti, todo es posible. Entonces, ¿por qué veo tantas barricadas?

Quizá no estoy mirando con ojos de fe. Las cosas en el Espíritu no se ven igual en lo natural. Donde yo veo obstáculos, tú tienes oportunidades para mí, ocasiones para algo nuevo y emocionante.

Los obstáculos son oportunidades, pero nunca me parecen ser eso. Oportunidades, ¿para qué?

- Oportunidades para recibir más de tu poder.
- Oportunidades para que tú tengas la gloria.
- Oportunidades para hacer las cosas a tu manera...

Y tu manera conduce a la bendición.

Tu prometes que sin importar cuál sea la situación, harás que las cosas obren para mi bien. Entonces, si eso obra para mi bien, es una oportunidad. Incluso si hay personas que intentan mentir sobre mí, hablar mal de mí o me odian, tú usarás eso para mi bien y para ayudar también a otras personas.

Estoy segura de que Noé vio inmensas complicaciones cuando intentaba meter en el mismo barco a leones y monos. Pero en realidad tú estabas salvando a su familia y a toda la creación.

Apuesto a que Sadrac, Mesac y Abednego no estaban contentos de meterse en el fuego; pero tú sabías que estarían a salvo, y fue una oportunidad para tu gloria y para la de ellos.

Cuando Pedro salió de la barca en medio de la tormenta, debió temblar; pero tú sostenías su mano. El obstáculo fue una oportunidad para que él hiciera historia.

De ahora en adelante, sin importar lo que surja, intentaré verlo como es realmente. He estado tratando las cosas como problemas y retrocediendo; pero ahora las aprovecharé y celebraré la victoria que tú tienes preparada.

No es un obstáculo, ¡es solo una oportunidad para que yo brille en ti!

Palabra de Dios

"Porque mis pensamientos no son los de ustedes,
ni sus caminos son los míos".
—Isaías 55:8 NVI

"Vosotros pensasteis mal contra mí,
mas Dios lo encaminó a bien, para hacer lo que
vemos hoy, para mantener en vida a mucho pueblo".
—Génesis 50:20 RVR-1960

"Pues nuestras dificultades actuales son pequeñas
y no durarán mucho tiempo. Sin embargo, ¡nos
producen una gloria que durará para siempre y que
es de mucho más peso que las dificultades! Así que
no miramos las dificultades que ahora vemos; en
cambio, fijamos nuestra vista en cosas que no pueden
verse. Pues las cosas que ahora podemos ver pronto
se habrán ido, pero las cosas que no podemos ver
permanecerán para siempre".
—2 Corintios 4:17-18 NTV

¿A QUIÉN LE DA VERGÜENZA?

Hola, Dios. Cuando mi pasado se acerca sigilosamente e intenta arrastrarme debido a lo que he hecho, sé que no eres tú quien hace eso. El enemigo, y a veces incluso mi yo interior, me recuerdan ciertas cosas que he hecho e intentan anclarme en la culpabilidad y la vergüenza.

Pero mi pasado no limita mi futuro, y no define mi futuro. Mi pasado ni siquiera me define *a mí*; me prepara. Mi pasado es un lugar de referencia, y no un lugar de residencia.

Puede que no esté donde quiero estar, ¡pero estoy segura de que no estoy donde solía estar! Soy una obra en marcha.

Tú eres el autor y consumador de mi fe. Aún no has terminado conmigo. Todavía me sigues moldeando, y yo estoy aún en la rueda del alfarero.

Sé que soy perdonada, y no seré derribada por mis errores del pasado. Tu amor por mí no se basa en mis obras; tu amor por mí nunca se agota.

Ya no tengo que volver a tener miedo. Tú me has liberado de la vergüenza de mis errores e imperfecciones.

No me dejarás ser humillada. Tú me ayudas a olvidar lo que he hecho y lo que me ha sucedido, ¡y lo has sustituido por quién soy en ti!

Tu prometes que en lugar de deshonra recibo la herencia que tú tienes para mí: ¡una doble porción y también felicidad! Tú eres demasiado bueno conmigo.

Sé por qué te amo tanto. Se debe a que puedo recordar lo que era mi vida sin ti. Mira hasta dónde me has traído, Dios. ¡No quiero volver atrás nunca!

Palabra de Dios

"Hermanos, yo mismo no pretendo haberlo ya alcanzado; pero una cosa hago: olvidando ciertamente lo que queda atrás, y extendiéndome a lo que está delante, prosigo a la meta, al premio del supremo llamamiento de Dios en Cristo Jesús".
—Filipenses 3:13-14 RVR-1960

"Puestos los ojos en Jesús, el autor y consumador de la fe, el cual por el gozo puesto delante de él sufrió la cruz, menospreciando el oprobio, y se sentó a la diestra del trono de Dios".
—Hebreos 12:2 RVR-1960

"No temas, pues no serás avergonzada;
ni te sientas humillada, pues no serás agraviada;
sino que te olvidarás de la vergüenza de tu juventud,
y del oprobio de tu viudez no te acordarás más".
—Isaías 54:4 LBLA

NO PUEDO AGRADAR A TODO EL MUNDO, PERO PUEDO AGRADARTE A TI

Hola, Dios. Quiero que las personas se agraden de mí. Quiero caerles bien, que me acepten; quiero estar en el círculo interior. No quiero defraudar a la gente, decepcionarles o ser rechazada. No quiero ser quien "se cuela" sin ser invitada o que casi no está en el grupo.

Parece que solo persigo sombras cuando corro tras la aprobación de los seres humanos, que es fugaz y variable. Si tengo temor a lo que la gente piense, eso puede perjudicarme. Finalmente estoy entendiendo que esto es cierto; estoy permitiendo que mi alegría viva en las mentes de otras personas, y esa no es manera de vivir.

Ni siquiera tú puedes agradar a todo el mundo. Las personas oran por diferentes equipos y diferentes candidatos. Algunas personas ni siquiera creen en ti, ¡ni les caes bien! Si el Dios Altísimo no le cae bien a todo el mundo, ¿cómo espero caerle *yo* bien a todo el mundo? Es un plan del enemigo para mantenerme dando vueltas pero sin llegar a ninguna parte.

Realmente no puedo controlar si las personas están contentas conmigo o no. De todos modos, no tengo por qué agradar a todos. ¡Tengo que agradarte a ti!

He decidido dirigir mis intenciones hacia agradarte a ti, y no a la gente:

- Cuando te agrado a ti, tú abres puertas de oportunidad.
- Mis enemigos no pueden prevalecer contra mí. Tú realmente les haces estar en paz conmigo cuando te agrado a ti.
- Cuando te agrado a ti, tu favor llega sobre mí. Tú me dices: "¡Bien hecho!".

Tú sonríes en mi dirección y me llenas de propósito. Tú me tomas donde estoy y me das la oportunidad de hacer más cuando te agrado.

No puedo vivir mi vida preocupada por lo que la gente quiere que yo sea y a la vez ser aquello para lo cual tú me creaste. Ayúdame a entender que no tengo que tener temor de la gente, Dios. ¡Solo tengo que agradarte a ti!

Palabra de Dios

"Tenerle miedo a los demás es una trampa,
pero el que confía en el SEÑOR estará a salvo".
—Proverbios 29:25 PDT

"¿Qué busco con esto: ganarme la aprobación
humana o la de Dios? ¿Piensan que procuro
agradar a los demás? Si yo buscara agradar
a otros, no sería siervo de Cristo".
—Gálatas 1:10 NVI

"Trabajen de buena gana en todo lo que hagan,
como si fuera para el Señor y no para la gente".
—Colosenses 3:23 NTV

"Sino que según fuimos aprobados por Dios para que
se nos confiase el evangelio, así hablamos;
no como para agradar a los hombres, sino a Dios,
que prueba nuestros corazones".
—1 Tesalonicenses 2:4 RVR-1960

PROTECCIÓN DIVINA

Hola, Dios. El mundo está totalmente loco. No puedo creer que haya tanta violencia y terrorismo. ¿Cómo es posible que la gente sea tan mezquina y malvada unos con otros?

Cuando veo las noticias y veo que suceden cosas estúpidas, incluso en mi ciudad, eso me pone nerviosa. ¿Debería salir de casa o viajar?

Sí, debería hacerlo. *Debería* salir. *Debería* viajar. Porque cuando lo hago, las personas que me rodean están realmente más seguras porque tu presencia va conmigo. Si las personas pudieran ver a los ángeles protectores que tú tienes alrededor de mí, estarían susurrando: "¿Quién es esa?".

"Ah, soy yo", respondería yo. "¡Una hija del Dios Altísimo!".

No importa lo que suceda en mi oficina, en mi ciudad, o donde esté viajando. Puede que caigan mil a mi lado, pero los problemas no se acercarán a mí. Tú eres mi fortaleza. Tú eres como una ciudad fortificada y amurallada alrededor de mí. Tú puedes ocultarme, incluso a plena luz, porque tus ángeles me guardan en todos mis caminos. Ni siquiera tropezaré con una piedra. ¡Eso sí que es seguridad!

Tú me das la autoridad para declarar la sangre de Jesús, la mano del Señor, y la protección de los ángeles:

- Para cada miembro de mi familia.
- Sobre mi lugar de trabajo y las escuelas de mis hijos.
- Sobre los vehículos y las rutas por donde viajamos.
- Por mi iglesia y mis pastores.
- Sobre mi hogar, desde el tejado hasta el sótano, cada ventana, cada grieta y cada puerta.

Gracias, Padre, por la autoridad y el derecho a declarar tu seguridad y protección divinas que el dinero no puede comprar. Puedo relajarme sabiendo que cuando te escucho y te sigo donde tú me guías, estoy segura sin importar dónde esté.

¡Ni siquiera tengo que tener temor porque tú me proteges!

Palabra de Dios

"De manera que podemos decir confiadamente:
El Señor es mi ayudador; no temeré
Lo que me pueda hacer el hombre".
—Hebreos 13:6 RVR-1960

"Ningún mal te conquistará; ninguna plaga
se acercará a tu hogar. Pues él ordenará a
sus ángeles que te protejan por donde vayas.
Te sostendrán con sus manos para que ni
siquiera te lastimes el pie con una piedra".
—Salmos 91:10-12 NTV

"El Señor está a mi favor; no temeré.
¿Qué puede hacerme el hombre?".
—Salmos 118:6 LBLA

REPOSO, NO ESTRÉS

Hola, Dios. Estoy alterada. Recuerdo no querer dormir una siesta cuando era pequeña, pero no entendía que sería tan difícil hallar reposo siendo adulta.

¿Cómo olvido toda esta basura en mitad de la noche o en el momento en que llegan las malas noticias? No quiero refugiarme en la comida para que me ayude a pasar el día; y sé que tener ibuprofeno al alcance no es la respuesta.

Tú no me creaste para vivir ansiosa, molesta y alterada. No quieres que esté dando vueltas y vueltas en la cama en lugar de dormir. No quieres que ande por ahí tensionada con un nudo en el estómago y sintiendo un peso sobre mis hombros. Eso no es vivir en tu promesa. Ese estrés es una maldición.

Tú me has redimido de la maldición. En el nombre de Jesús, voy a entregarte a ti la responsabilidad de todo. Tú quieres que deje de sobrestimar mi capacidad para arreglar el problema y dejar de subestimarte a ti, de modo que me rindo.

Si te entrego a ti mi estrés, tú puedes hacer algo con él. Por favor, ayúdame a dejar de recogerlo una y otra vez y confiar y creer en tu reposo. Tengo que descansar *en ti*. Cuando hago eso, tú prometes que cuidarás de mí.

Dios, tú nunca duermes, de modo que no tiene ningún sentido que los dos estemos despiertos. ¡Creo que descansaré un poco!

Palabra de Dios

"¿Quién de ustedes, por mucho que se preocupe,
puede añadir una sola hora al curso de su vida?".
—Mateo 6:27 NVI

"Echando toda vuestra ansiedad sobre él,
porque él tiene cuidado de vosotros".
—1 Pedro 5:7 RVR-1960

"Vengan a mí todos ustedes que están cansados
y agobiados, y yo les daré descanso".
—Mateo 11:28 NVI

"Él fortalece al cansado y acrecienta las fuerzas
del débil. Aun los jóvenes se cansan, se fatigan,
y los muchachos tropiezan y caen; pero los
que confían en el Señor renovarán sus fuerzas;
volarán como las águilas: correrán y no se
fatigarán, caminarán y no se cansarán".
—Isaías 40:29-31 NVI

FUERTE EN TI

Hola, Dios. Cuando la vida llega a mí a un millón de kilómetros por hora, necesito fuerza. Por favor, recuérdame que no tengo que ser fuerte por mí misma. *No puedo* ser fuerte por mí misma. Te necesito a ti.

Me alegra mucho que estés a mi lado. Siempre puedo contar con que tú me das fuerzas, unas fuerzas que son más grandes que yo. Unas fuerzas que vienen solamente de ti.

Tu fuerza en mí no se revela en lo que yo puedo hacer; viene de vencer las cosas que pensaba que *no podía* hacer. Tú lo puedes todo, de modo que puedo fortalecerme en ti y en el poder de *tu* fuerza.

Señor. En ti...

- Puedo encontrar ese empleo perfecto.
- Puedo sobreponerme a esos sentimientos heridos.
- Haré frente al mal diagnóstico.
- Puedo manejar estas finanzas que se desmoronan.
- Venceré esta horrible adicción.

En el nombre de Jesús, puedo hacer todas esas cosas y más. No tengo que ser fuerte por mí misma, y ni siquiera fui creada para serlo. Fui creada para ser fuerte en ti. Tú eres mi fortaleza. Tú eres mi refugio. En ti confiaré. Ninguna plaga, ninguna recesión, ningún problema, ninguna depresión, ningún terror vendrá a mi familia o a mí.

Tú me haces fuerte, Dios. Tú me haces valiente; tú me haces audaz; tú me capacitas; tú me das poder. ¡Tú me haces vencedora!

Te pido tu fortaleza, *ahora* mismo, y creo que la recibo cuando oro. ¡Soy fuerte en ti, Dios!

Palabra de Dios

"Por lo demás, fortaleceos en el Señor [sacando fuerza de Él y siendo capacitados mediante vuestra unión con Él] y en el poder de su fuerza [ilimitada]".
—Efesios 6:10 LBLA

"El Señor es mi roca, mi amparo, mi libertador; es mi Dios, el peñasco en que me refugio. Es mi escudo, el poder que me salva, ¡mi más alto escondite!".
—Salmos 18:2 NVI

"Pero el Señor es fiel, y él los fortalecerá y los protegerá del maligno".
—2 Tesalonicenses 3:3 NVI

"Ya te lo he ordenado: ¡Sé fuerte y valiente! ¡No tengas miedo ni te desanimes! Porque el Señor tu Dios te acompañará dondequiera que vayas".
—Josué 1:9 NVI

GRATITUD CONTAGIOSA

Hola, Dios. Si la gratitud es la bisagra donde gira la puerta de la oportunidad, creo que sé por qué se han cerrado tantas puertas últimamente.

No quiero ser negativa, y no quiero quejarme. Hay muchas cosas buenas en mi vida, pero en cierto modo mis ojos siguen dirigiéndose hacia lo negativo.

Los israelitas lucharon para entrar en su tierra prometida porque no podían dejar de quejarse. Yo no quiero que eso me suceda a mí; no puedo ser odiosa y agradecida al mismo tiempo. Escojo la gratitud. ¡Escojo entrar en la promesa lo antes posible!

Tu Palabra dice que tengo que ponerme las vestiduras de alabanza. Si puedo poner una sonrisa en mi cara para ese desconocido en el supermercado, ¡seguramente podré vestirme de agradecimiento para el Dios de los cielos y la tierra!

Lo curioso acerca de "ponérselo" es que finalmente se vuelve auténtico, como la risa. Yo puedo fingir la risa durante un minuto, pero hay algo en ella que se vuelve contagioso. Poco después, ¡me estoy riendo *de verdad*!

Necesito llenarme del pensamiento agradecido que es contagioso. Tú me dices que te dé gracias por todo, ¿y por qué no iba a hacerlo? Tú me das todo literalmente, lo merezca o no.

Dios, te doy gracias porque hay bendición en mi vida incluso en áreas en las que a veces tropiezo.

- Me quejo de mi horario tan ocupado, pero eso significa que tengo cosas que hacer.
- Protesto por las tareas de la casa, pero eso significa que tengo un lugar donde vivir.
- Me quejo por estacionar lejos de la puerta, pero eso significa que tengo piernas que me permiten caminar.
- Gruño por mi jefe malhumorado, pero eso significa que tengo un empleo para pagar mis facturas.
- Soy quisquillosa con mi cónyuge, pero tú me diste a alguien que me ama.

Te pido perdón por quejarme precisamente de las cosas con las que tú me has bendecido. ¡Escojo la gratitud contagiosa que produce la promesa!

Palabra de Dios

"Dichosos los que saben aclamarte, Señor,
y caminan a la luz de tu presencia".
—Salmos 89:15 NVI

"Estad siempre gozosos; orad sin cesar;
dad gracias en todo":
—1 Tesalonicenses 5:16-17 RVR-1960

"Dando siempre gracias por todo al Dios y Padre,
en el nombre de nuestro Señor Jesucristo".
—Efesios 5:20 RVR-1960

EN LA PELEA

Hola, Dios. Estoy cansada.

Me parece que he estado peleando y peleando, y sigo esperando a que suene la campana que me indica que la pelea ha terminado; pero aún no ha sonado. Comienzo a preguntarme si tengo lo necesario en mí para lograrlo o no.

Entonces me doy cuenta de que estoy pensando erróneamente.

Estoy pensando que *yo* tengo que producir mi fuerza, como si dependiera solamente de mí; sin embargo, en realidad no necesito tener más fuerza. ¡Necesito al Dios de la fortaleza!

Tú eres el Dios eterno. Tú nunca duermes, ni necesitas descanso. Tú nunca duermes la siesta. Tú no necesitas recargar baterías, pues estás lleno: lleno de vida y listo para dármela cuando la necesito. Tú das fuerzas al cansado. ¡Vaya! Tú me ofreces *poder*. Necesito poder, y estoy conectada con el Dios que lo tiene.

Tú prometes fuerzas para el cansado. ¿Sabes qué? ¡Yo reúno los requisitos! Tú prometes que caminaré y no me cansaré, que correré y no me fatigaré. Tú me das la fuerza y el aguante que necesito para ganar esta carrera, de modo que esperaré en ti.

Cuando espero en ti, tú renuevas mis fuerzas. Paso de tener mis baterías en rojo a tenerlas en verde, y de un tanque vacío a otro lleno y rebosante, ¡y también reservas! Gracias, Dios, porque tú estás lleno de vida y listo para darme tu vida cuando la necesito.

Pelearé la buena batalla de la fe, pero no lo haré sola. No soy yo sola quien está en el cuadrilátero; somos tú y yo. La batalla es tuya, ¡y la victoria es mía!

Gracias, Dios, por estar en mi rincón.

Palabra de Dios

"Porque el Señor tu Dios está contigo;
él peleará en favor tuyo y te dará
la victoria sobre tus enemigos".
—Deuteronomio 20:4 NVI

"El da fuerzas al fatigado, y al que no tiene fuerzas, aumenta el vigor. Aun los mancebos se fatigan y se cansan, y los jóvenes tropiezan *y* vacilan, pero los que esperan en el Señor renovarán sus fuerzas; se remontarán con alas como las águilas, correrán y no se cansarán, caminarán y no se fatigarán".
—Isaías 40:29-31 LBLA

" Pelea la buena batalla por la fe verdadera.
Aférrate a la vida eterna a la que Dios te llamó
y que declaraste tan bien delante de muchos testigos".
—1 Timoteo 6:12 NTV

RECUPERO ESTE DÍA

Hola, Dios. Justo hasta este momento estaba pensando que realmente el día de hoy fue desafiante. Ha sido un día que no quiero volver a vivir. Estos sentimientos, estas emociones, intentan tomar el control de mi mente y arruinar las oportunidades que tú pones delante de mí hoy.

Solamente tengo una oportunidad de vivir este día, y es un regalo que nunca más volveré a tener. El enemigo intenta arrebatarlo, pero yo tengo opciones. Puedo permitir que el enemigo se lleve algo que no puedo reemplazar, o puedo recuperarlo.

Escojo recuperar el presente.

Sé que he tenido frustraciones y razones legítimas para sentirme herida o enojada, pero puedo pasar tiempo defendiendo esos sentimientos y quedarme atascada en esas emociones, o puedo presentarlas ante ti y poner mi fe en ti para cambiarlas.

No seré controlada por mis emociones o mi situación. Tengo fe en ti. No tengo que desmoronarme, enojarme, y permitir que mi día quede arruinado por sentimientos y circunstancias. El enemigo no hizo este día. ¡Tú lo hiciste!

Este es el día que hizo *el Señor*. Tú hiciste el día de hoy para que lo disfrute; no lo hiciste para que me derrote. Tú hiciste este día con una oportunidad para que me apoye en ti, confíe en ti y te siga.

La Biblia da claras instrucciones sobre qué hacer: regocijarme y alegrarme *hoy*. Bendice al Señor, alma mía, ¡y deja de olvidar las cosas buenas!

Puede que este día haya comenzado mal, pero rápidamente va de camino a convertirse en un gran día que solamente tú puedes dar.

En el nombre de Jesús, ¡recupero este día!

Palabra de Dios

"El ladrón no viene sino para hurtar y matar
y destruir; yo he venido para que tengan vida,
y para que la tengan en abundancia".
—Juan 10:10 RVR-1960

"Este es el día que hizo el Señor [en el cual Dios
me ha salvado]; nos gozaremos y alegraremos en él".
—Salmos 118:24 NTV

"Bendice, alma mía, al Señor,
y bendiga todo mi ser su santo nombre.
Bendice, alma mía, al Señor,
y no olvides ninguno de sus beneficios".
—Salmos 103:1-2 LBLA

TENGO PROBLEMAS

Hola, Dios. No vas a creer lo que está sucediendo. Casi ni yo misma lo creo. Estoy confundida. Tengo problemas, y estoy asustada. Necesito ayuda. Dios, ¡hoy necesito uno de tus milagros!

Vienen pensamientos a mi mente que me dicen que debido a lo que he hecho, quizá tú no puedas ayudarme… o incluso no quieras. No estoy segura de por qué tú querrías ayudar a alguien que ha hecho algunas de las cosas que yo he hecho; pero por eso estoy tan agradecida por tus promesas. Están ahí a mi disposición incluso cuando no las merezco; y en este momento son un bote salvavidas para mí. Siento que tú eres mi única esperanza. Esperanza. Eso es lo que necesito ahora, ¡desesperadamente!

Tú has visto problemas mayores que los míos y los has manejado. No se están desmoronando montañas sobre mi cabeza, aunque en este momento tenga la sensación de que así es. Tú eres quien mueve montañas, quien divide mares, quien da luz y paz, quien perdona, ¡y un Dios que hace milagros! Tú eres un dador de esperanza, dador de vida, y pronto auxilio en medio de los problemas. Si estuviera sola en esto, me derrumbaría; pero no lo estoy. Tú estás en esto conmigo.

Tú estuviste en el foso de los leones con Daniel. Tú estuviste en el vientre del pez con Jonás.

Y tú estás en medio de esto conmigo.

Tú nunca me abandonas. Tú sabías que esto llegaría. Me sorprendió a mí, pero no te sorprendió a ti. Tú estás listo para esto; de hecho, tú has pasado por esto antes de que yo estuviera aquí. Tú vas a mi futuro y abres un camino para que yo escape.

Tú prometiste que si te busco, tú me responderás y me librarás de mis temores. ¡Aquí estoy, Dios! Te estoy buscando. Estoy creyendo en ti. Estoy confiando en ti.

Tú tienes un plan y estás obrando entre bambalinas donde yo no puedo ver. Tú estás lleno de gracia y misericordia. Estoy saliendo de esta situación contigo a mi lado, ¡en el nombre de Jesús!

Palabra de Dios

"Dios es nuestro amparo y fortaleza, Nuestro pronto auxilio en las tribulaciones. Por tanto, no temeremos, aunque la tierra sea removida, Y se traspasen los montes al corazón del mar".
—Salmos 46:1-2 RVR-1960

"Este pobre clamó, y el Señor le oyó, y lo salvó de todas sus angustias".
—Salmos 34:6 LBLA

"Busqué al Señor, y él me respondió; me libró de todos mis temores".
—Salmos 34:4 NVI

"Sed firmes y valientes, no temáis ni os aterroricéis ante ellos, porque el Señor tu Dios es el que va contigo; no te dejará ni te desamparará".
—Deuteronomio 31:6 LBLA

CUANDO LA VIDA ME LANZA LIMONES

Hola, Dios. Tengo ganas de darme por vencido y rendirme pero *detesto* perder.

Tengo la sensación de que he perdido el entusiasmo, y sin embargo, me gustaría ser fuerte y seguir adelante en medio de esto. Ahora mismo no puedo ver cómo podría ganar; realmente no puedo permitirme perder en esto.

Sé que no puedo ganar por mí misma, pero contigo, Dios, *todo es posible*. Cuando mi fe parece débil, y parece que voy hacia abajo, sé que siempre puedo contar contigo.

Tú prometes darme victoria, ¡y tú nunca te retractas de tu palabra!

- Si hay algún arma que aparece en mi camino, tú la rompes.
- Aunque alguien o algo intente derribarme, tú abres camino para que pueda estar otra vez arriba.

- Si alguien intenta convertirse en mi enemigo, tú disipas sus pensamientos, sus esfuerzos, e incluso a esa persona.
- Cuando la vida se vuelve amarga, tú prometes obrar a mi favor cada vez.

Y solo porque yo no puedo verte obrar no significa que no lo estés haciendo. Tú le estás hablando a personas, moviendo cosas, alineando oportunidades, y obrando en mí para prepararme para la victoria.

Las cosas no se están desmoronando para mí; ¡están encajando en su lugar!

A pesar de cómo se vean las cosas, cierro mis ojos físicos ahora y comienzo a ver con mis ojos de la fe. Con ojos llenos de fe y confianza, comienzo a ver mi victoria. Cualquier cosa que se atreva a desafiar a mi Dios no tiene ninguna posibilidad de ganar. Tú haces que cualquier cosa que salga a mi encuentro obre para mi beneficio.

Si la vida me lanza limones, tú haces limonada. ¡Beberé de eso!

Palabra de Dios

"Así que no nos fijamos en lo visible, sino en
lo invisible, ya que lo que se ve es pasajero,
mientras que lo que no se ve es eterno".
—2 Corintios 4:18 NVI

"Mas gracias sean dadas a Dios, que nos da
la victoria por medio de nuestro Señor Jesucristo".
—1 Corintios 15:57 RVR-1960

"Antes, en todas estas cosas somos más que
vencedores por medio de aquel que nos amó".
—Romanos 8:37 RVR-1960

"Es verdad que ustedes pensaron hacerme mal, pero
Dios transformó ese mal en bien para lograr lo que
hoy estamos viendo: salvar la vida de mucha gente".
—Génesis 50:20 NVI

ESTOY ANSIOSA

Hola, Dios. La vida se mueve a la velocidad del rayo. Todo el mundo va apresurado. En la fila de la caja, las personas se quejan porque tienen que esperar. (Bueno, quizá yo también lo hice). La gente ni siquiera permite que un auto se meta en su carril en el tráfico. ¿Por qué? ¿Acaso eso nos retrasa tanto?

El microondas en lugar del horno convencional. Comida rápida en lugar de comida de verdad. No esperes, ¡compra ahora! Orden con antelación. Hay una aplicación para eso. Autopago (porque, desde luego, yo puedo hacerlo con más rapidez que alguien que está entrenado para hacerlo… ¡NO!). Queremos un carril rápido y una identificación de traslado rápido para seguir, seguir, seguir!

Y entonces, tú eres un Dios que quiere que esperemos. ¿*Esperar*? ¿Por qué esperar?

Tú me estás pidiendo que haga cosas que todo el mundo me ha enseñado a *no* hacer. Esperar. Tener fe. Enfocarme en ti. Ser paciente. Siento que la paciencia debería ser una palabra de pocas letras. ¡Nadie quiere oír eso!

- Tenga la paciencia su obra completa. *¿No podría obrar la paciencia con mayor rapidez?*
- Estad quietos y conoced que yo soy Dios. *¿No puedo hacer eso de camino al trabajo?*
- Los que esperan en el Señor renovarán sus fuerzas. *Yo sí que necesito más fuerzas…*
- Tú obras por quienes esperan en ti. *Por favor, obra por mí.*
- Esperar en ti produce bendición. *Hombre, yo necesito tu bendición.*
- El Señor es bueno con quienes en Él esperan. ¡Yo quiero tu bondad!

Cuando me inquieto y quiero apresurar las cosas, tengo que recordarme a mí misma por qué necesito esperar. Esperar en ti en lugar de intentar hacer yo misma que *algo* suceda en este momento demuestra fe. Y de todos modos, hacer las cosas a tu manera siempre funciona mejor que cualquiera de mis locas ideas. Además, yo misma no puedo hacer que sucedan milagros. Mediante la fe y la paciencia obtengo tu promesa. Cuando espero en ti, los beneficios son extraños, sobrenaturales, y están por encima de la comprensión natural. Yo sola no puedo alcanzarlos, pero son factibles todo el día, ¡*cada* día para ti!

Tú quieres que espere en ti. No puedo imaginar por qué no lo haría. Cada vez que me inquiete y quiera moverme para apresurar las cosas, me recordaré por qué necesito esperar en ti.

¡Gracias por ser tan bueno conmigo!

Palabra de Dios

"Pon tu esperanza en el Señor;
ten valor, cobra ánimo;
¡pon tu esperanza en el Señor!".
—Salmos 27:14 NVI

"Mas tenga la paciencia su obra completa,
para que seáis perfectos y cabales,
sin que os falte cosa alguna".
—Santiago 1:4 RVR-1960

"Fuera de ti, desde tiempos antiguos nadie
ha escuchado ni percibido, ni ojo alguno
ha visto, a un Dios que, como tú, actúe
en favor de quienes en él confían".
—Isaías 64:4 NVI

"Bueno es el Señor para los que en El esperan,
para el alma que le busca".
—Lamentaciones 3:25 LBLA

NO SÉ QUÉ HACER

Hola, Dios. Siento que estoy rodeada de oscuridad. No sé qué hacer. Estoy segura de que no es ninguna sorpresa para ti porque tú no me creaste para saberlo todo. Si así fuera, no te necesitaría a ti.

Tú quieres que acuda directamente a ti para obtener respuestas, y tú tienes las respuestas que necesito.

- Tú sabes cómo se sostiene el universo.
- Tú sabes cómo se cura el cuerpo por sí mismo tras un corte.
- Tú sabes hasta dónde pueden llegar las mareas del océano.
- Tú sabes qué hacer exactamente cuando yo no tengo ni idea.

Tu Palabra alumbra mi camino. Tú iluminas cada paso en el camino que tengo delante cuando llego allí, no antes. De ese modo, es un paso de fe. Cuando yo doy el paso, tú me das luz.

No tengo miedo a lo desconocido porque conozco a Aquel que lo sabe todo. Acudo a ti en busca de dirección. Te pido sabiduría, y tú me la das alegremente.

Es tu tarea saber qué hacer, y es mi tarea pedir. ¡Puedo hacer eso!

La Biblia dice que tengo la unción del Santo, y que conozco todas las cosas. Puede que no las conozca en mi mente, pero las conozco en mi espíritu porque es ahí donde tú iluminas las respuestas en mí.

Cuando llegue el momento, tengo confianza en que sabré exactamente qué hacer. Yo haré lo ordinario, ¡y te dejaré a ti hacer lo extraordinario!

Palabra de Dios

"Lámpara es a mis pies tu palabra,
y luz para mi camino".
—Salmos 119:105 LBLA

"Su lámpara alumbraba sobre mi cabeza,
y por su luz podía andar entre tinieblas".
—Job 29:3 NVI

"Porque todo aquel que pide, recibe;
y el que busca, halla;
y al que llama, se le abrirá".
—Mateo 7:8 RVR-1960

"Pero vosotros tenéis la unción del Santo,
y conocéis todas las cosas".
—1 Juan 2:20 RVR-1960

EN CRISTO

Hola, Dios. A veces siento que no soy suficiente. Parece que todo el mundo necesita un pedazo de mí, y me quedo corta. Tengo la sensación de que no soy bastante inteligente, bastante rápida, bastante hermosa, bastante divertida, bastante agradable, bastante talentosa… simplemente *no soy suficiente*.

Me sumerjo tan dentro de mis fallos, de mi pecado, de lo que he hecho, que permito que eso me arrastre. Tengo este temor constante a no ser capaz de estar a la altura de las expectativas de otras personas, en especial cuando miro quién soy.

Pero tú me dices que no mire solamente quien yo soy. Me dices que mire quién soy *en Cristo*. Estoy en Cristo, y eso es algo que necesito entender. *Tú no puedes verme sin ver a Jesús en mí.*

No soy quien yo *creo* que soy. Soy quien *tú dices* que soy. Tú dices que:

- Soy una hija del Dios Altísimo, plenamente aceptada por el Padre. No tengo que preocuparme por la aceptación, pues soy aceptada.

- Soy maravillosamente creada. Incluso cuando no me siento maravillosa, *soy* maravillosa porque tú así lo dices.
- Soy creada para el bien. Si fui creada para el bien, debo ser buena.
- Soy tu obra maestra. A pesar de lo que no me gusta de mí misma, tú debiste pensar que yo era hermosa.
- No estoy quebrantada. Estoy completa en ti.
- Soy la niña de tus ojos. Tú me amas por encima de mi comprensión.
- Valgo más de lo que yo creo. Soy valiosa. Después de todo, tú enviaste a Jesús a morir por mí.
- Soy creada con un propósito y un destino, y estoy equipada para vivirlo.

Estoy "en Cristo". Tú me encapsulaste. Y cuando estoy en ti, soy nueva. Nada como yo ha existido antes. Soy un "yo" que nunca podría ser por mí misma: un yo capacitado por Dios e inspirado por Cristo.

Palabra de Dios

"De modo que si alguno está en Cristo,
nueva criatura es; las cosas viejas pasaron;
he aquí todas son hechas nuevas".
—2 Corintios 5:17 RVR-1960

"Vístanse con la nueva naturaleza y se renovarán a medida que aprendan a conocer a su Creador y se parezcan más a él. En esta vida nueva no importa si uno es judío o gentil, si está o no circuncidado, si es inculto, incivilizado, esclavo o libre. Cristo es lo único que importa, y él vive en todos nosotros".
—Colosenses 3:10-11 NTV

"Y vosotros estáis completos en él, que es
la cabeza de todo principado y potestad".
—Colosenses 2:10 RVR-1960

NECESITO SABIDURÍA

Hola, Dios. Mi perspectiva es limitada en este mundo donde vivo. Siento que estoy intentando ver algo que no está a la vista, y lo veo borroso. A veces incluso pienso que sé lo que estoy viendo, pero en realidad no es así. Las apariencias pueden ser muy engañosas.

Pero tú ves el fin desde el principio. Tú sabes dónde están las trampas. Tú puedes ver cada tropiezo. Tú sabes qué camino produce bendición y qué camino produce peligro para mí.

¡Lo asombroso es que tú estás dispuesto a compartir esa sabiduría conmigo! Lo único que quieres que haga es que pida, y tú prometes darme toda la sabiduría que necesite: sabiduría abundante. A pesar de mis fallas, tú me sigues dando tu sabiduría.

Por lo tanto, te pido sabiduría en este momento, Señor. Por favor, dirígeme y guíame en la dirección por la que debo ir. Háblame; yo escucho. Mis oídos están abiertos. Quiero tomar la decisión correcta en el momento correcto.

Tu Palabra dice que seré guiada con paz, de modo que doy cada paso y entonces busco paz. Mi corazón y mis oídos están abiertos a cualquier cosa que tú quieras hablarme, incluso si tengo temor a lo que pueda ser. Confío en ti.

Tu sabiduría en mí abrirá puertas, abrirá un camino para las oportunidades, y me llevará a lugares donde nunca podría haber ido por mí misma.

¡Gracias, Dios, por tu sabiduría!

Palabra de Dios

"Sabiduría ante todo; adquiere sabiduría;
Y sobre todas tus posesiones adquiere inteligencia".
—Proverbios 4:7 RVR-1960

"Si a alguno de ustedes le falta sabiduría, pídasela
a Dios, y él se la dará, pues Dios da a todos
generosamente sin menospreciar a nadie".
—Santiago 1:5 NVI

"Yo te haré saber y te enseñaré el camino en que
debes andar; te aconsejaré con mis ojos puestos en ti".
—Salmos 32:8 LBLA

ESTOY DISPUESTA, PERO NO SOY DIGNA

Hola, Dios. Cuando oigo sobre las cosas increíbles y asombrosas que tu Palabra promete hacer por mí, me emociono… hasta que comienzo a pensar en mí misma. Me refiero a que nunca podría ser lo bastante buena para ser la persona a quien tú escogerías bendecir… ¿o sí podría ser?

Tú has visto todo lo que he hecho, de modo que sabes lo que no soy. Tú sabes cómo he metido la pata. Miro alrededor y veo a otras personas que parecen mucho más sensatas que yo.

Pero si miro la historia, es en cierto modo divertido que tú realmente nunca escogiste a esas personas perfectas para usarlas.

- Rahab era una prostituta, y aun así tú la escogiste para salvar a los israelitas y ser la bisabuela del rey David. ¡Ella estuvo en la genealogía de Jesús!
- Pedro cortó la oreja a un guardia durante el arresto de Jesús y negó tres veces a Cristo. Pero

tú lo escogiste para ser "la roca" sobre la cual se edificaría la Iglesia.
- Tú escogiste a Sara para ser la madre de Isaac. Ella era una mujer que alentó a su esposo a acostarse con una sirvienta y después aborreció a esa sirvienta y al hijo que ella tuvo.

Tú has escogido a muchas personas imperfectas para usarlas porque estaban dispuestas. Yo no me siento lo bastante digna para ser usada, escogida, llamada, sanada o bendecida. ¡Pero sí que estoy dispuesta!

Debido a que tienes planes para bendecirme y prosperarme, no esperaré a ser perfecta. No me quedaré estancada hasta poder tenerlo todo solucionado. Hoy quito de mi vida el botón de "pausa".

Estoy dispuesta para ser usada, Dios. ¡Escógeme a mí!

Palabra de Dios

"Si queréis y obedecéis,
comeréis lo mejor de la tierra".
—Isaías 1:19 LBLA

"Y, si es por gracia [favor inmerecido de
Dios], ya no es por obras; porque en tal caso
la gracia ya no sería gracia [no sería un regalo
sino una recompensa por las obras]".
—Romanos 11:6 NVI

"Porque por gracia ustedes han sido salvados
mediante la fe; esto no procede de ustedes,
sino que es el regalo de Dios".
—Efesios 2:8 NVI

CUANDO VIENEN LOS GIGANTES

Hola, Dios. Me gustaría que entendieras el tamaño de lo que enfrento.

Nunca en mi vida imaginé que enfrentaría algo tan difícil. Nunca pensé que estaría frente a esto. Sin embargo, supongo que David nunca se imaginó a sí mismo peleando contra un gigante de casi tres metros con una armadura.

Pero eso pasó hace tanto tiempo, que parece una historia, y esto... ¿*esto*? Esto es *real*, Dios. ¡Está sucediendo ahora!

Intento lo mejor que puedo ser fuerte, pero tengo esta batalla entre mi cabeza y mi corazón. Tengo estos molestos pensamientos que me dicen que las probabilidades están contra mí. El tiempo no está de mi lado. Aquello por lo que oro es demasiado, demasiado radical y demasiado grande.

Pero después está mi corazón, y me sigue recordando que nada es demasiado grande para ti. ¡Tú eres el Dios de lo imposible!

Cuando leo la Biblia, veo que una vez tras otra tú escoges al pequeño. Tú das la victoria al desamparado, a aquel que parece el que tiene menos probabilidad de ganar. Dios, eso es lo que me parece en este momento. Entonces, cuando todo está perdido y la situación parece no tener esperanza, tú intervienes y te muestras fuerte. ¡Tú demuestras al mundo que realmente hay un Dios en los cielos!

Yo creo en ti; estoy agradecida a ti. Voy a confiar en ti para poder encontrar reposo en ti. Tú eres mi refugio, y eres mi fortaleza. ¡Tú eres quien hace posible lo imposible!

De entre todo el mundo en el planeta, tú me escogiste a mí para estar en este tiempo y este lugar. Gracias, Señor, por lo que vas a hacer en mi vida. Tengo fe en ti.

Palabra de Dios

"¿Qué, pues, diremos a esto? Si Dios es
por nosotros, ¿quién contra nosotros?".
—Romanos 8:31 RVR-1960

"Porque para Dios no hay nada imposible".
—Lucas 1:37 NVI

"Así que, ¡sean fuertes y valientes,
ustedes los que ponen su esperanza en el Señor!".
—Salmos 31:24 NTV

AUN NO ESTA TERMINADO

Hola, Dios. Sé que tú no creaste el mundo en un solo día; pero cuando terminaste cada día, miraste la obra completada y elogiaste el progreso hecho. Aunque aún quedaba mucho por hacer, tú miraste una obra no terminada y aun así dijiste: "Es bueno".

Sin duda alguna, yo aun no estoy terminada. Soy una obra en marcha. Aunque sé que me queda mucho camino por recorrer, necesito darme un respiro a mí misma. Después de todo, puede que no esté donde *quiero* estar, ¡pero estoy segura de que no estoy donde estaba cuando comencé!

¿Acaso no puedo pausar el tiempo suficiente para mirarme a mí misma en mi estado no terminado y decir: "Es bueno"? ¡Tú ya has hecho muchas cosas en mí y por mí!

Tus manos están sobre mí, Señor; siguen dándome forma y moldeándome hasta donde yo lo permito. Cuando cometo errores y me estropeo, tú vuelves a hacer de mí una vasija que puedas usar. ¡Moldéame, Dios!

Si tú me ves como una obra no terminada y *aun así* dices que soy buena, debería darme a mí misma un poco de gracia no porque sea buena, sino porque tú me hiciste, y *tú* eres bueno. Como mi Padre bueno y perfecto, tú no haces nada que sea una basura, ¡incluida yo!

En este momento, tomo permiso para pausar en el proceso y decir para mí: "Es bueno". Yo soy buena. Yo soy un producto de mi creador, y Él es bueno.

Tú haces cosas hermosas, Dios. Tú me creaste; y tú me sigues moldeando a medida que te permito hacerlo.

Tú eres el alfarero, y yo soy el barro. Soy una obra maestra creada en Cristo Jesús. Soy una obra en marcha. No estoy terminada aún. Gracias, Dios, por seguir trabajando sobre mí y en mí.

Palabra de Dios

"Mas tenga la paciencia su obra completa,
para que seáis perfectos y cabales,
sin que os falte cosa alguna".
—Santiago 1:4 RVR-1960

"El ha hecho todo apropiado a su tiempo. También
ha puesto la eternidad en sus corazones; sin embargo,
el hombre no descubre la obra que Dios ha hecho
desde el principio hasta el fin".
—Eclesiastés 3:11 LBLA

"A pesar de todo, Señor, tú eres nuestro Padre;
nosotros somos el barro, y tú el alfarero.
Todos somos obra de tu mano".
—Isaías 64:8 NVI

"Pues somos la obra maestra de Dios. Él nos creó de
nuevo en Cristo Jesús, a fin de que hagamos las cosas
buenas que preparó para nosotros tiempo atrás".
—Efesios 2:10 NTV